# Sur ces chemins
# où nos pas
# se sont effacés

www.nueebleue.com

LOUISE
« PISLA »
HELMSTETTER

# Sur ces chemins où nos pas se sont effacés

*Souvenirs d'une tzigane d'Alsace*

EN COLLABORATION AVEC SOPHIE KÉPÈS

LA NUÉE BLEUE

L'Éditeur salue la mémoire de son collaborateur et ami Stéphane Laurent – qui avait entrepris la mise en forme du témoignage de Louise Helmstetter recueilli et transcrit par sa fille Marie – emporté par une implacable maladie.


ISBN 978-2-7165-0772-1

AVANT-PROPOS

# *Pisla*, l'oiseau rebelle

À l'origine de ce livre, il y a la rencontre de deux musiciens : Jean-Claude Chojcan, professeur de guitare au Conservatoire de Strasbourg, et Engé Helmstetter, guitariste manouche, petit-fils de l'auteur, Louise Helmstetter, *Pisla* pour les tziganes. Et ce n'est sans doute pas un hasard si la musique, dans une famille où chacun pratique au moins un art – chant, danse, peinture, cinéma –, a été le catalyseur de cette histoire. Jean-Claude Chojcan, au fil des ans, s'est lié d'amitié avec la grand-mère d'Engé et le reste de sa famille. Il est revenu chaque année à Barr pour la fête des vendanges, puis plus souvent. Il y a amené sa femme, Perrette Ourisson, qui n'a pas ménagé sa disponibilité. « Chojcan, tu es tzigane sans le savoir ! » aime à dire Louise. Dans sa bouche, c'est certainement le plus bel hommage qu'on puisse rendre à l'homme et au musicien...

Aujourd'hui, Louise Helmstetter est une vieille dame au regard saisissant, qui aime rester assise en fumant à côté de son poêle, silencieuse ; ou, à d'autres moments, parler de sa voix grave traversée de brusques éclats de rire. Tantôt elle vous jette à la figure des questions déroutantes, tantôt elle rechigne à répondre à celles que vous lui posez, ou refuse d'entendre telle chose que vous estimez important de lui confier. Oui, Louise a un sacré tempérament. Elle est aussi très entourée. On ne s'ennuie pas à Barr, dans sa maison ocre rose au toit brun, entourée d'un jardin, au pied d'une colline où pousse la vigne. Sans cesse entrent, saluent, échangent des nouvelles, éclatent de rire ou froncent le sourcil trois générations de descendants. Malgré la scolarisation et la sédentarisation, les enfants parlent toujours le romani et respectent les usages. Un gâteau est posé sur la table, un plat mitonne sur le fourneau, prêts à être partagés avec l'hôte de passage. Car bien sûr, l'hospitalité fait partie des valeurs traditionnelles du tzigane.

Dans la maison de Louise, il peut arriver qu'une petite fille blonde, le visage tourné vers la fenêtre, les yeux rivés sur le jardin et la colline au-delà, se mette à chanter *a capella* avec la voix d'une jeune femme, une voix si ample et si richement modulée que les bras vous en tombent à l'écouter ; et vous savez déjà que vous n'oublierez jamais cet instant. La voilà, la plus noble des générosités – toute simple...

Que d'obstacles Louise Helmstetter, née femme et tzigane en 1926, dans un monde qui ne survit que dans sa mémoire, a dû surmonter au cours de sa longue vie ! Son désir farouche de transmettre l'essentiel de ses souvenirs à la génération de ses petits-enfants ne provient pas seulement de sa nostalgie d'un mode de vie en harmonie avec la nature, qu'elle considère comme la plus puissante des divinités – et cela, sans nulle contradiction avec son éclatante foi catholique. Non, la nostalgie est ici dépassée par la volonté de témoigner de principes humanistes, universels, et d'en révéler toute la beauté... Ses poèmes en sont le meilleur exemple. L'humour de ses récits également. Ce qu'elle veut, c'est

Louise a accueilli Yehudi Menuhin en 1995 dans sa maison de Barr
et a dansé avec lui près du feu.

qu'on écoute le message qu'elle-même a reçu des siens, par-delà les siècles et les continents. Elle est un pont, un maillon de cette chaîne commencée en Inde il y a mille ans.

La jeune tzigane grandie dans les prairies et les collines de l'Alsace septentrionale, au bord des rivières, à l'orée des forêts, à l'ombre des roulottes, est danseuse et chanteuse comme elle respire. Après le romani, sa deuxième langue a été l'alsacien, la troisième seulement le français. De ses ancêtres hongrois elle a hérité la csardas, des Américains venus libérer la France, les claquettes. Elle dit que tout cela lui est venu sans y penser. Danser, chanter, faire de la musique sont les moyens d'expression les plus évidents à ses yeux. Sa manière à elle d'être en vie, de communiquer avec le monde.

Mais une rupture avec le mode de vie ancestral se produit pendant la Seconde Guerre mondiale. Les familles tziganes sont d'abord expulsées de leur terre d'ancrage, l'Alsace bossue, vers la région lyonnaise et, pour certaines, vers le camp d'internement d'Argelès. Pendant l'Occupation, elles sont dépouillées de tous leurs biens, en particulier les roulottes et les chevaux. L'après-guerre leur inflige l'épreuve du froid et de la faim. Jusqu'au jour où Louise décide de fuir à tout prix cette misère à laquelle sa mère, la belle Rose (*Houssa*), avoue se résigner dans un dialogue émouvant. Parce qu'elle est incapable d'imaginer un autre sort que le sien...

À bien des égards, *Pisla* est un « oiseau rebelle ». Personne n'est arrivé à la mettre en cage ! Cette pionnière a épousé un non-tzigane, mais une fois mariée, elle a continué à vagabonder. Elle a introduit dans le quotidien de sa famille un peu de confort et de sécurité matérielle, mais sans renier ses traditions. Elle a été la première femme tzigane d'Alsace à passer le permis de conduire. Elle a réalisé un film, *De la source à la mer*, et écrit un livre, celui-ci. Bref, elle a façonné son destin de ses propres mains.

Pourtant, cette nouvelle vie a fini par menacer l'ancienne culture de son peuple, qu'elle évoque avec tendresse et admiration. À partir des années 1950, la société de consommation, l'introduction de la voiture, l'exploitation éhontée des ressources naturelles, ont achevé de balayer les derniers vestiges du passé. Or Louise est restée fidèle à ce que le mode de vie qu'elle a volontairement quitté recèle de bienfaits pour l'homme. Elle n'oublie rien de ce qui l'a construite. Et elle tient plus que tout à lancer un cri d'alarme à ceux qui négligent ou meurtrissent la Terre, au point de mettre en danger toute l'humanité.

Pour cela, elle a trouvé le moyen de surmonter son analphabétisme. Un hommage tout particulier doit être ici rendu à sa fille Marie, qui a recueilli la première version orale des souvenirs de sa mère. Elle a transcrit directement du romani sa propre traduction en français, ce qui est déjà en soi un tour de force. Pour trouver le mot juste, l'équivalent fidèle, elle s'est aidée de dictionnaires comme une véritable professionnelle de l'écrit – ce qu'elle n'est pourtant pas, puisqu'entre autres choses, elle peint. C'est dire à quel point les talents sont multiples dans cette famille étonnante ! Ensuite Jean-Claude et Perrette ont passé le relais à l'éditeur, avec le concours du journaliste et auteur Stéphane Laurent. Enfin je me suis à mon tour embarquée dans cette aventure...

Dans ces pages affleurent à l'état d'enfance les sensations et les émotions, moyens d'appréhension du monde sans doute plus aiguisés chez ceux qui ne savent ni lire ni écrire. D'où la fraîcheur et la force de ce récit de vie. La mémoire exceptionnelle des noms de lieux, hantés jour après jour par le clan itinérant, va de pair avec le flou des repères temporels. Les rêves prémonitoires y abondent, toujours suivis de réalisations. La confiance dans ce sixième sens qu'est l'intuition, mais aussi la symbiose avec la nature, les plantes et les animaux, permettent au tzigane d'évoluer sans se préoccuper d'accumuler des biens, en ne pensant qu'à l'instant présent et, bien sûr, aux siens. Car la famille figure au tout premier plan de ses valeurs.

Pour moi, fille de l'écrit, quelle expérience fascinante que d'essayer de décrire pour Louise ce que ressent un lecteur, lorsqu'il aborde pour la première fois le récit imprimé d'une inconnue. De la convaincre que cet explorateur a besoin de signaux pour le guider dans son voyage immobile. Et que son devoir à elle, la conteuse, est de faire quelques pas vers les ignorants que nous sommes, de tendre la main pour nous accompagner dans la découverte du monde imagé, odorant, musical qu'elle évoque à travers ces pages palpitantes. Pour nous permettre de recevoir en partage cette extraordinaire expérience : la vie de *Pisla*, une femme tzigane embrassant deux univers, trois langues et quatre générations.

*Sophie Képès*

En 1988, Louise sur le chemin d'un pèlerinage tzigane en Espagne.

## *Les chemins*

Chemins poussiéreux
Où crissaient les roues de la roulotte
Au rythme des pas du cheval
Qui résonnent encore dans ma tête
Chemins poussiéreux
Qui nous menaient toujours plus loin
Sensibles aux prodiges de la nature
Appréciant cette plénitude
Nous avancions doucement avec nos roulottes
Les hommes à l'allure fière
Guidaient les chevaux en sifflant
Rien ne nous appartenait
Comme mon père le disait
Mais nous appartenions au monde
Et vivions en harmonie avec lui

Par-delà les contrées lointaines
Nos chants emportés par le vent
Sous un ciel pur
Volaient au-dessus des plaines

Pour adoucir les âmes en peine
Chemins poussiéreux
Chemins venteux
Chemins empreints de paroles
Chemins chantants
Chemins pensants
Chemins changeants
Chemins chargés d'histoire
Regardant autour de moi
Je m'étonne de voir à quel point le monde a changé.

*Poème de Louise Helmstetter,*
*traduit du romani en français par sa fille Marie*

# D'où vient ma famille ?

Mes parents disaient que nos ancêtres venaient de Hongrie, de la région de Budapest. Ils étaient passés par l'Allemagne avant de s'établir en Alsace au début du XIXe siècle. Notre famille appartient au groupe des sintis*. Quand mon père rencontrait des tziganes* hongrois, il savait danser comme eux, en tapant des pieds et des mains ! Il s'appelait Georges Loeffler, et ma mère, Houssa Rose Reinhardt. Chez nous, on donne aux enfants le prénom tzigane du parrain ou de la marraine, et le prénom chrétien au moment du baptême. C'est pourquoi je m'appelle à la fois Pisla (qui signifie « un peu ») et Louise.

La langue des tziganes est le romani*, c'est ma langue maternelle. Les mots, les tournures et l'accent peuvent changer d'un pays à l'autre, mais nous nous comprenons toujours. Chose incroyable, quand j'ai rencontré le grand musicien indien Ravi Shankar, j'ai pu parler avec sa femme sans difficulté. En effet, tous les tziganes sont originaires du nord-ouest de l'Inde. Bien sûr, je parle aussi le dialecte alsacien, l'allemand et le français.

Autrefois, tout se transmettait oralement d'une génération à l'autre. Mais je suis contente que ma fille Marie ait

* *Les mots suivis d'un astérisque figurent dans le lexique en fin d'ouvrage, page 217.*

écrit avec moi ce livre de souvenirs. Ainsi il restera quelque chose de ma vie, l'essentiel depuis mon plus jeune âge. Tout ce qui est noté ici recèle la vérité. J'ai fait ce livre pour mes enfants et mes petits-enfants, pour qu'ils sachent comment nous vivions lorsque j'étais moi-même enfant. Car notre mode de vie et notre culture disparaissent, et c'est vraiment dommage ! Je me sens comme une étrangère dans le monde actuel.

Il est impossible de définir le caractère tzigane. Mais je dirais ceci : le vrai tzigane a un grand cœur. Il croit en Dieu et en la terre. Pour moi, la terre, la nature, c'est Dieu. Or aujourd'hui, on tue la terre pour de l'argent, pour se gaver encore et encore. On va jusqu'à vendre l'eau ! La terre est vivante, et je le prédis, elle se vengera de ce qu'on lui fait subir.

D'après moi, ce sont les tziganes qui ont conservé les plus anciennes traditions sur terre. Notre peuple ne s'est pas mélangé aux autres. Nous avons continué à vivre dehors, à nous déplacer en fonction de nos besoins, comme le faisaient tous les hommes à l'époque où ils habitaient dans des grottes ou dans la forêt. Nous ressemblons un peu aux moines mendiants, aux apôtres itinérants. Nous sommes un peuple insaisissable, plein de sagesse, humaniste.

Ainsi, pas besoin de signer un contrat, toper dans la main et donner sa parole suffisait. Si l'on accueillait des hôtes, on partageait avec eux tout ce qu'on avait sans rien garder, quitte à s'endetter. Les enfants étaient élevés dans la pudeur et dans le respect des adultes. Attentives et dévouées, les mères leur apprenaient les valeurs de la vie. Jamais elles ne les auraient donné à garder à quelqu'un d'autre. Ils étaient sacrés et restaient de vrais enfants jusqu'à quatorze, quinze ans. De nos jours, quand je vois des jeunes tenir tête à leurs parents, je ne comprends pas et je désespère.

Le tzigane, lui, savait comment marchait la vie. Il ne voulait pas posséder la terre, juste l'arpenter, la découvrir. Il savait que c'était la terre qui le possédait, et non l'inverse. Rien ne lui appartenait. De la richesse, le tzigane ne voulait rien savoir ! La sienne était de voyager à travers le vaste monde. Aussi, pourquoi certains gadjés* se méfient-ils de nous ? Leurs biens, leur argent ne nous intéressent pas. Est-ce que par hasard, ils seraient jaloux de notre liberté ?

Une famille de musiciens.
Le père de Louise, au centre de la photo, dans les années 1930.
Il est accompagné de trois oncles de Louise.

# HISTOIRES
# DE MON ENFANCE

# Notre journal

Notre journal, c'était les histoires que nous racontaient nos parents. Elles leur avaient été transmises par leurs propres parents, puis leurs grands-parents, et ainsi de suite, depuis des siècles. Depuis plus de trente ans j'habite une maison, et quand je regarde à la télévision des documentaires sur les Grecs et les Romains, ou des légendes qui remontent plus loin encore, je vois qu'on descend d'une très ancienne culture, car j'ai déjà entendu ces histoires. Et je reconnais aussi certains jeux : chez nous, les hommes et les jeunes gens organisaient des compétitions de lancer de pierres plates ou de couteaux, de course à pied ou à cheval, de saut, et d'autres encore.

On savait apprivoiser les bêtes, car nos ancêtres pour gagner leur vie élevaient et dressaient de jeunes ours, qu'ils produisaient ensuite dans les villages. Ils acquéraient des singes, des chevaux, et au fur et à mesure leur cirque s'agrandissait. C'est pour cela que, quand un cirque s'arrête quelque part, encore aujourd'hui les gens du cirque laissent entrer le tzigane gratuitement.

Au lever du jour, les premiers debout menaient paître les chevaux au bord de la rivière. Ensuite ils allaient dans la forêt chercher du bois, faisant attention à ne pas écraser les fleurs qui se trouvaient sur leur passage. Certains revenaient avec un petit bouquet, d'autres avec leur chapeau rempli de champignons. On les entendait siffler de loin. Quand les femmes avaient préparé le café, on s'asseyait tous autour du feu pour le boire. Notre vie, c'était la musique et les bruits de la nature.

S'il faisait beau, on se lavait la figure dans la rosée du matin, tellement saine pour la peau. On se baignait dans les ruisseaux, les rivières. On trouvait la plupart des aliments dans la nature, en cueillant des baies, des fraises des bois, des myrtilles, des champignons. On se soignait avec des tisanes d'herbes médicinales. On pêchait du poisson, on attrapait des hérissons. On n'aimait pas tuer les animaux, mais de temps en temps, on volait une poule, assommée au lance-pierre ou bien saisie à la volée puis étouffée sous le bras – il faut bien nourrir les enfants, non?

Nos parents racontaient leurs histoires très simplement, comme ceci:

À l'orée d'un bois de hêtres, par une belle soirée de printemps, nous étions assis autour du feu. Les cerisiers en contrebas, dans la prairie en fleurs, nous enveloppaient de leur parfum subtil. Alors les anciens disaient aux jeunes:

– Allez chercher du bois dans la forêt, et l'un de nous vous racontera une histoire.

On y allait avec plaisir. Quelques-uns en ramenaient un peu plus que les autres, tout fiers. Puis nous nous asseyions auprès du feu. Ma mère annonçait:

– Je vais vous raconter quelque chose qui s'est passé au temps du Kaiser, quand l'Alsace était allemande.

On était tous enthousiastes et impatients d'écouter. Moi, j'étais tellement intéressée que je me disputais avec les autres pour être assise à côté de celui qui racontait. Je m'arrangeais souvent pour rapporter le plus gros fagot!

Et ma mère commençait ainsi :

– Ceci est une histoire vraie...

Quand elle terminait, les anciens se retiraient pour aller se coucher. Les jeunes restaient encore un moment auprès du feu, à bavarder.

# Récit de ma naissance

Ma mère m'a raconté dans quelles circonstances elle m'a donné le jour, le 6 juin 1926. Nous campions en roulotte avec quatre ou cinq autres familles en Alsace du nord, entre les Vosges du nord et le plateau lorrain, près de Reipertswiller, au bord d'un ruisseau très poissonneux – surtout des truites. Nous circulions d'un village à l'autre dans cette « Alsace bossue », une belle région vallonnée, avec des forêts, des prairies, des rivières. On l'aimait parce qu'on y trouvait partout de l'eau, mais aussi de grandes propriétés, des fabriques de verre et de poterie. Cela procurait du travail aux hommes qui, par exemple, recouvraient les bonbonnes d'osier. Ils étaient vanniers, chaudronniers, rémouleurs, rétameurs, ou musiciens comme dans ma famille. Et les femmes pouvaient « chiner » dans les fermes, c'est-à-dire colporter des marchandises – lacets, élastiques, dentelles, peignes, aiguilles, épingles –, ou les troquer directement contre des denrées, pommes de terre ou farine.

On était bien accueillis, les gens nous connaissaient, on avait même nos places réservées pour une ou deux semaines. Je me souviens que, quand on passait devant les maisons le soir, on voyait par la fenêtre les femmes tricoter à la lumière d'une unique lampe à pétrole. À part ça, sur les routes il faisait noir comme dans un four !

Ma mère était en train de faire cuire des poissons, lorsqu'elle a dit à mon père : « Il faut y aller, ça commence. » Mon père a alors conduit la roulotte vers le village le plus proche où se trouvait une sage-femme, Uhrwiller. Pendant ce temps, ma mère a continué à cuisiner, elle a même un peu mangé !

À Uhrwiller, mon père a dit aux deux aînés : « Rose et Antoine, restez bien tranquilles à l'intérieur, je reviens tout de suite. » Il a amené ma mère dans une maisonnette qui abritait les pauvres et les vagabonds de passage. Ma mère y est restée seule avec la sage-femme, tandis que mon père rejoignait les aînés, leur expliquant : « Votre mère est occupée au village. » En effet la venue d'un bébé devait être cachée aux enfants.

Après l'accouchement, ma mère s'est trouvée très affaiblie. La sage-femme n'était pas restée auprès d'elle, sans doute avait-elle à faire ailleurs. Mon cordon ombilical saignait. Ma mère s'en est aperçue, mais elle était si épuisée qu'elle est restée sans réaction. Elle s'est même dit : « Tant pis si le bébé ne survit pas. » Elle ne voulait plus rien savoir, la pauvre...

Heureusement pour moi, la sage-femme est repassée et m'a soignée comme il fallait. Une autre famille tzigane est arrivée, dont la femme est venue nous voir. Elle a préparé une bonne soupe pour que ma mère reprenne des forces. Puis d'autres roulottes encore nous ont rejoints.

Trois jours plus tard, ma mère est rentrée chez nous, et elle a annoncé fièrement à Rose et Antoine : « Regardez le beau bébé que j'ai reçu ! » Si les enfants posaient des questions, on leur répondait : « Il a été apporté par les cigognes... »

# L'hiver à Tieffenbach

Je me rappelle la première fois que j'ai marché sur des dalles de grès après une averse, les pieds nus dans l'eau, ma mère me tenant par la main... Je devais avoir un peu plus d'un an. Mais mon premier souvenir précis remonte à l'âge de trois ans, pendant l'hiver 1929, un hiver très rude. On campait près d'une forêt, non loin de Tieffenbach, en Alsace bossue.

Ce jour-là, les adultes étaient tous partis au village, et les enfants, le ventre creux, les attendaient dans la roulotte, près du fourneau qui était juste à gauche de l'entrée, en chantant et en riant. L'un d'entre nous guettait le retour des parents par l'une des trois fenêtres. Une cloison intérieure séparait la «cuisine» de la «chambre à coucher», où les enfants dormaient en haut, les parents en bas.

Enfin on a vu les hommes avec leurs grands chapeaux, leurs foulards noués autour du cou, leurs longues moustaches givrées, se diriger tout de suite vers les chevaux pour les nourrir, puis les bouchonner avec de la paille. Pendant ce temps les femmes sont rentrées pour préparer à manger aux enfants. Toutes les familles s'entraidaient, on partageait ce qu'on avait; on n'épargnait jamais, on vivait. Dehors les hommes parlaient entre eux. Ils avaient entendu dire que la nuit serait glaciale et qu'il serait prudent d'aller s'installer au village, sinon on risquait de geler.

– Mais comment rouler par ce temps? Il y a trop de verglas sur la route.

– Nous irons une seule roulotte à la fois.

On entendait les branches craquer tout autour de nous, le jour déclinait doucement. Les hommes ont attelé un cheval à une roulotte, ont enveloppé ses sabots de chiffons noués serrés, pour éviter qu'il glisse sur la route. En tenant les chevaux par la bride tandis que d'autres poussaient les roulottes, l'une après l'autre elles sont toutes arrivées au village.

Alors un des hommes a dit:

– Je connais l'aubergiste, j'ai joué de la musique chez lui, et il m'a déjà rendu service. Peut-être aura-t-il de la place pour nos chevaux dans son écurie?

– Allons-y ensemble, a dit un autre, mais c'est toi qui demanderas puisque tu le connais.

Ils sont entrés dans le restaurant en saluant tout le monde. Ils se sont dirigés vers le bar, l'aubergiste s'est approché d'eux et a serré la main de celui qu'il connaissait.

– Il fait très froid dehors, a-t-il dit, vous n'avez pas peur de geler cette nuit?

– C'est pour cela que nous sommes venus au village. On voulait vous demander si vous pouviez abriter nos chevaux? Vous ne le ferez pas pour rien.

– Mais oui, bien sûr, mettez-les dans mon écurie.

Les hommes ont retrouvé le sourire et ont bavardé avec l'aubergiste en buvant un schnaps. Ensuite ils ont installé les chevaux à l'écurie, soulagés. Plus tard, un villageois est venu leur proposer de prendre chez lui autant de bois qu'ils en auraient besoin.

La nuit tombait, nous, les enfants, étions déjà emmitouflés sous nos plumons. Je me souviens très bien que mon père et ma mère parlaient, assis auprès du fourneau. J'entends encore ma mère dire :

– Pauvres oiseaux, pauvres petites bêtes, ils vont mourir de froid cette nuit dans la forêt.

Et jusqu'à l'aube, ils ont alimenté le feu sans dormir.

Les gens du village n'en croyaient pas leurs yeux, eux qui s'inquiétaient pour nous, de voir qu'on avait pu tenir dans nos roulottes par un tel froid, alors qu'ils avaient perdu des bêtes dans leurs étables au cours de la nuit...

# La gardeuse d'oies et le porcher

On s'arrêtait souvent près de mon village natal, Uhrwiller – un bel endroit où les gens nous laissaient séjourner paisiblement plus d'une semaine. Un jour, j'ai accompagné ma mère au village. J'étais impressionnée par l'élégance des personnes âgées avec leur costume alsacien, toujours bien coiffées.

Soudain, j'ai remarqué une jeune fille qui portait une belle robe verte bordée d'un large ruban rouge, et par-dessus un tablier blanc. Ses nattes blondes dépassaient du fichu. Un panier dans une main, garni d'une pelote de laine, d'aiguilles à tricoter et de deux pommes, et un sifflet dans l'autre, elle marchait lentement. Ses sabots résonnaient sur la chaussée, et je la suivais.

À son coup de sifflet, les portails des fermes s'ouvraient, et les oies battant des ailes accouraient à sa rencontre comme si elles avaient deviné que c'était l'heure. Au fur et à mesure qu'elles avançaient en criaillant, du duvet et des plumes se répandaient sur le chemin. Une fois arrivée au pré, la jeune fille s'asseyait et sortait son tricot.

Peu de temps après, un homme barbu, coiffé d'un chapeau alsacien et chaussé de bottes, faisait sa tournée avec son chien pour rassembler les cochons. Il soufflait dans une corne et, à ce signal, les gens ouvraient leur porcherie, laissant sortir les bêtes qui d'instinct le suivaient. Il portait un bâton sur l'épaule, au bout duquel pendait un sac en toile qui laissait entrevoir une bouteille. Je savais exactement à quelle heure il passait.

Après avoir conduit le troupeau dans un pré marécageux, non loin de chez nous, il venait souvent nous rendre une petite visite. Quand le moment était venu de rentrer, il soufflait dans sa corne et aussitôt son chien rassemblait les cochons.

Lorsque la gardeuse d'oies et le porcher rentraient au village, chaque bête regagnait sa cour d'elle-même. Moi, curieuse, je les suivais toujours. C'était incroyable : elles savaient exactement où se rendre ! Ni les oies, ni les porcs ne se trompaient de cour. En ce temps-là, les animaux de basse-cour vivaient en liberté, c'est pourquoi ils étaient plus sains.

Le soir venu, à la laiterie, les garçons et les filles du village apportaient dans leur charrettes de grands seaux remplis du lait fraîchement tiré. C'était aussi l'occasion de se rencontrer, de se raconter leur journée – et pour certains, de se donner des rendez-vous. C'était le seul moment de la journée où ils pouvaient respirer un peu, car la vie de fermier n'était pas facile, il y avait toujours beaucoup de travail.

Ce village où j'ai vu le jour, il me semblait un peu à moi. Je l'aimais et m'y sentais bien.

# Tornade à Kindwiller

Un jour, ma mère était alitée avec une forte migraine dans notre roulotte, stationnée un peu à l'écart des autres, auprès de grands peupliers qui bordaient le ravin d'une rivière. L'orage grondait. Quand elle s'est réveillée, ma mère nous a rejoints chez une autre famille. Ma sœur Rosa était restée dans la roulotte pour préparer le café. Brusquement une tornade est survenue. Ma sœur, ayant pressenti le danger, a eu le temps de sauter dehors. Le vent a arraché le toit, abattu les parois tout en bois de la roulotte, et l'a fait basculer dans le ravin. Seul le fourneau est demeuré sur place, même les draps étaient pendus aux arbres ! La tornade avait tout emporté sur son passage.

De l'autre côté du campement, rien n'était arrivé. Ma mère a dit :

– Vous avez vu ? Dire que j'étais encore couchée à l'instant ! Si j'étais restée à l'intérieur, je ne serais plus en vie. En tout cas, je n'ai plus du tout mal à la tête !

C'était comme si ma sœur et ma mère avaient reçu l'ordre de sortir de la roulotte : un exemple des prémonitions qu'ont les tziganes lorsqu'un danger les menace. Et ces avertissements nous viennent de la nature elle-même. Si l'on respecte la nature, il ne peut rien nous arriver de mal, elle nous épargnera toujours.

On savait tout de la nature. On dormait dehors en contemplant le ciel empli d'étoiles, qui parfois filaient se perdre dans l'univers... Ma mère disait souvent à ce sujet :

– Observez et appréciez la splendeur de ce monde, mais ne cherchez pas à le comprendre car il ne vous dévoilera jamais ses secrets. Sauf si vous avez de l'amour pour lui ! Alors il sera toujours là pour vous protéger.

On ne tentait pas de percer les mystères de la nature car on la savait capable du pire, et on la respectait. À chaque orage violent on allumait une bougie. Des tempêtes qui arrachaient les arbres passaient à côté de nous sans nous faire le moindre mal. Quand on remarquait que les chevaux devenaient nerveux, poussaient des hennissements et frappaient le sol avec leurs sabots, alors les hommes les attelaient tout de suite et on quittait l'endroit. Plus tard on nous décrivait les dégâts que l'orage avait causés là où nous avions campé.

Le cheval était un fidèle compagnon de voyage, auquel on pouvait se fier pour nous avertir de l'approche des gens, des chiens, ou d'un brusque changement de temps. Nous avions deux chevaux, des demi-poneys. L'un tirait la roulotte, l'autre marchait. Parfois on achetait un vieux cheval à un fermier, on le soignait et on le revendait en bon état à un petit paysan. Tous les jeunes tziganes savaient monter et dompter les chevaux les plus rétifs.

# Cigognes et rossignol

Quand on traversait les villages, je restais toujours assise à l'arrière de la roulotte car je ne voulais pas marcher pieds nus dans la bouse de vache, le crottin, la fiente de poule. Les routes étaient poussiéreuses et bosselées. Le long du chemin, on voyait de vieux saules à osier le long de la rivière, qui abritaient des nids de cigognes.

Je contemplais avec passion tout ce qui se passait autour de moi. Apercevant ces grands oiseaux que j'adorais voir voler, je bondissais de la roulotte et m'éloignais dans le pré. Dès que j'étais près des cigognes, certaines s'envolaient alors que d'autres restaient immobiles. Elles longeaient doucement la rivière, à la recherche de grenouilles, d'insectes. Je les suivais en chantant :

– *Storch, Storch, geht spazieren fein gemacht, tut die Fröchen fagen!* (Cigogne, cigogne, se promène fièrement, pour attraper les grenouilles).

Et vite, je regagnais notre roulotte qui entre-temps, s'était éloignée.

Il y avait des nids partout sur les cheminées des maisons. Une fois, à Bischholtz, des gens avaient mis deux œufs d'oie à couver dans un nid de cigognes. Quand les œufs ont éclos, le couple de cigognes s'est mis à crier et à s'agiter. Leurs compagnes aussitôt ont volé à leur secours. Les villageois, intrigués par cette agitation soudaine, sont accourus. Ils ont pris peur tellement ces grands oiseaux criaient fort et battaient des ailes autour de la cheminée. Le couple a réussi à expulser les deux intruses. Une fois qu'elles sont tombées du nid, les cigognes se sont calmées et chacune a regagné son nid...

La veille du Premier mai, fête du printemps – la plus importante chez les tziganes –, les familles réunies autour du feu se racontaient des histoires tandis que les hommes faisaient de la musique. Après avoir veillé tard, tout le monde allait se coucher. Je me souviens d'avoir observé une fois mon père, qui était resté auprès du feu toute la nuit, s'éloigner dans la forêt aux premières lueurs du jour. Il en est revenu avec des rameaux de hêtre. Il en a posé un sur chaque roulotte. Puis il s'est dirigé vers des buissons d'aubépine en fleurs, où le chant mélodieux d'un rossignol avait attiré son attention. Il s'est arrêté, a posé son violon pour se laver la figure dans la rosée du matin. Tout était calme, pur et serein, et moi, couchée sous la roulotte, blottie sous mon plumon, j'étais bien éveillée et je le regardais...

Alors il a pris son violon et il a accompagné le rossignol. Après avoir improvisé un moment, il a ramassé du bois aux alentours pour ranimer le feu. Puis il a donné du foin et de l'eau au cheval, tout en lui parlant dans notre langue. Enfin il s'est couché près du feu, a couvert sa tête avec son chapeau, et s'est endormi.

Les premiers debout l'ont réveillé. Et pour remercier mon père de leur avoir apporté la branche porte-bonheur, il lui ont offert à boire du schnaps.

# Gens de la terre

On était toujours sur les routes, des routes bien différentes de maintenant. Quand on roulait, les hommes soit tenaient les guides, soit marchaient à côté du cheval en sifflant. J'entends encore résonner les roues et le pas rythmé des chevaux. Le vent pur nous caressait le visage. On posait des fleurs sur les chemins qu'on parcourait. Chaque coup d'œil au paysage était une note de musique...

Tout en roulant sur les chemins poussiéreux, au mois de juin, pendant les foins, on voyait des chariots tirés par des bœufs ou des chevaux. Les femmes avec leur fichu blanc et les jeunes étaient assis sur le foin qui débordait quelquefois et s'éparpillait au passage. Le paysan, coiffé d'un chapeau de paille, marchait lui aussi à côté des bêtes. Pour moi c'était la plus belle des peintures. Les routes dégageaient un parfum de foin enivrant. On n'imagine pas tout ce qu'une route pourrait raconter, tout ce qu'elle a vu passer.

En ce temps-là, les cultivateurs avaient juste de quoi vivre. Les femmes tziganes leur vendaient des lacets, des lanières en cuir, de la dentelle. Elles lisaient les lignes de la main et prescrivaient de la tisane qui guérissait et redonnait le moral aux femmes de la terre.

Lorsque je voulais les accompagner, elles me renvoyaient. Elles ne voulaient pas m'emmener car que j'étais trop curieuse, dans les fermes je courais partout et voulais tout savoir. Quand elles me tançaient, je ne faisais qu'en rire, je les mettais souvent en colère. Alors je les suivais en cachette quand elles partaient chiner.

Quelquefois elles troquaient des lacets contre quelques pommes de terre, ou bien elles les mendiaient. Quand ma mère voyait une paysanne chercher des pommes de terre dans une corbeille au milieu des épluchures, elle lui demandait :

– Je peux en avoir une ?

– Vous savez, l'hiver est long, répondait-elle.

Chaque morceau de pain, chaque pomme de terre comptaient.

Les fermes possédaient leur propre four à pain dans la cour ou dans la maison. Je vois encore les miches sortir du four l'une après l'autre. On les déposait dans l'auge. Le dernier pain nous revenait toujours ; c'était un surplus de pâte, un pain avec une croûte brune et craquante, que l'on pouvait manger sans rien dessus tellement il était bon.

Quand ma mère parlait aux fermiers, je me faufilais en douce dans les granges. Tout en faisant semblant de jouer, je récupérais les œufs de poule qui traînaient dans la paille par-ci par-là et je les mettais dans mon petit sac en lin. Ma mère ne le savait pas toujours, et en quittant la ferme je les lui montrais en éclatant de rire.

Pour survivre, c'est vrai que de temps en temps, on s'arrangeait... Mais chez les vrais tziganes, il n'y a ni viol, ni inceste, aucune de ces horreurs-là. Pas de crime non plus, en tout cas, jamais pour l'argent. Très rarement, et toujours pour défendre sa famille, ou pour une grave question d'honneur. Sinon, le coupable est définitivement exclu du groupe.

Les paysans étaient soulagés quand ils rentraient leurs récoltes à l'automne. On les voyait se dépêcher avec leurs chariots quand l'orage s'annonçait. Les nôtres disaient alors :

– Espérons qu'ils arrivent à temps à la ferme.

Mon père les aidait souvent pour la fenaison. Comme cela sentait bon ! Quand je vois aujourd'hui le foin stocké dans des grands ballots en plastique ou pourrissant dans les prés, je me rappelle toujours à quel point il était précieux pour les paysans. Et tous ces champs qu'on laisse en friche...

Autrefois les cultivateurs travaillaient très dur, et leurs femmes également. Ils faisaient voltiger les blés en fauchant, tandis que les femmes assemblaient des gerbes qu'elles bottelaient et dressaient en faisceaux. Puis elles glanaient les épis restés par terre et les mettaient dans leur tabliers.

Je courais vers elles pour les aider. Pieds nus, je savais marcher sur les brindilles sans me blesser. Dès que j'avais ramassé une poignée d'épis, je la leur donnais. Elles me regardaient en souriant et disaient :

– Comme tu es gentille !

Quand j'avais fini, elles me donnaient une pomme ou une tranche de pain avec du fromage blanc.

À l'époque, on avait du respect pour la terre et ses fruits, qu'on déposait délicatement dans des corbeilles pour qu'ils ne s'abîment pas. On ne laissait rien perdre. Et les cultivateurs s'entraidaient. Voyant combien tout a changé, il me semble parfois ne plus faire partie de ce monde. Quand je passe à côté d'un pommier abandonné, encore chargé de tous ses fruits, alors me reviennent les souvenirs de ce temps-là.

# Les fleurs de Puberg

Au carrefour de Puberg, il y avait un restaurant perdu dans la nature. L'un des chemins menait au village, un autre descendait vers la forêt. Nous avions emprunté le troisième, en direction d'une grande prairie. De là, on avait une vue splendide sur la forêt, les prés en fleurs, les cerisiers chargés de fruits. Les couleurs vives, le chant des oiseaux, la douce chaleur du printemps, tout cela était merveilleux, et je m'enivrais de tant de beauté.

Comment oublier ces images et ces sensations, quand on les a connues dans un milieu encore intact ? Nous étions peut-être pauvres, mais riches dans le cœur.

Pendant qu'on s'affairait autour de la roulotte, ma mère sortait la vaisselle pour préparer le café. Je l'admirais, c'était une grande et belle femme avec une longue natte qui lui retombait sur la poitrine. Selon le temps, la couleur de ses yeux variait de l'émeraude au saphir. Elle inspirait le respect par sa douceur. Pendant que l'eau chauffait sur le feu, elle préparait la pâte pour les crêpes aux cerises.

Mon père, un homme élancé avec une fine moustache et un chapeau noir, tirait le cheval par la bride, l'attachait à un arbre, le bouchonnait pour lui ôter la sueur, puis allait à la source remplir le seau d'eau. Pendant que le cheval se désaltérait, mon père sortait du tabac de sa poche et se roulait tranquillement une cigarette en observant ce qui se passait autour de lui. Au bout d'un moment, il détachait le cheval et le menait brouter l'herbe au bord du chemin, car il savait qu'il risquait une amende s'il le faisait paître dans le pré. Une fois qu'il s'était occupé du cheval, il prenait quelques paniers qu'il avait fabriqués pour la cueillette des cerises et se rendait au village pour les vendre.

Un jour il y a rencontré un menuisier qu'il connaissait. Ils ont parlé de choses et d'autres, et l'homme lui a demandé :

– Où vous êtes-vous installés ?

– Toujours au même endroit, près du restaurant.

– Ah ! C'est là que je vais faucher demain. Vous pourriez m'aider ?

– Bien sûr, à vous je ne refuse rien.

– Bon, j'y serai demain dès l'aube, comme cela nous aurons fini avant la forte chaleur.

Quand mon père est revenu du village, il avait le sourire aux lèvres. Il a dit à ma mère :

– Demain, tu n'auras pas besoin d'aller chiner. Le gadjo à qui je vais donner un coup de main pour faucher nous apportera de la nourriture pour quelques jours.

On avait sorti nos paillasses pour dormir à la belle étoile. Le temps était beaucoup trop doux pour rester dans la roulotte.

Le lendemain l'homme est arrivé, portant un sac à provisions, les faux calées sur l'épaule. Il a posé le sac près du feu :

– Là, je vous ai apporté du lard, des œufs, du beurre et de la farine.

Chaque denrée valait son pesant d'or et nous avions rarement la chance d'en recevoir autant à la fois. Puis il s'est dirigé vers mon père :

– Déjà debout ?

– Oui, je vous attendais. Il n'y a rien de plus beau que les premières lueurs de l'aube.

Assise sur ma paillasse, curieuse, je les observais. L'homme a sorti de sa poche une petite bouteille de schnaps qu'il a passée à mon père. Après en avoir bu une gorgée chacun, ils s'en sont allés. Je me suis levée et les ai suivis. Assise au bord du talus, je les ai regardés faucher. De voir toutes ces fleurs voltiger et tomber sous la faux, mon cœur se serrait, j'avais envie de pleurer. Cela me faisait beaucoup de peine pour ces jolies fleurs, mais j'étais ravie de toutes les images et les sensations qui s'offraient à moi.

Une bonne heure plus tard, ils ont fait une pause. Mon père, les manches retroussées jusqu'aux coudes, s'est essuyé le front avec sa chemise blanche. Le menuisier a ôté son chapeau et sorti un mouchoir avec lequel il s'est épongé le visage et la nuque. Après avoir bu un peu de schnaps, ils ont aiguisé les faux et repris le travail.

Aux environs de neuf heures, nouvelle pause. L'homme a sorti deux œufs de son sac, en a donné un à mon père :

– Tenez, ça vous donnera de la force pour continuer.

Ils ont gobé les œufs. L'homme a remis les coquilles dans son sac pour les rapporter aux poules. Lorsque la chaleur s'est accentuée, ils avaient terminé leur besogne. Ils étaient tout en sueur.

– Vous voyez, si nous n'avions pas commencé de très bonne heure, nous n'aurions pas fini. Voulez-vous m'aider encore demain ?

– Bien volontiers.

L'homme est rentré chez lui. Moi, j'ai suivi mon père un bouquet à la main, lui faisant des reproches :

– Vous allez encore faucher toutes ces belles fleurs demain ? Je ne veux pas !

Comme j'étais très fâchée, il m'a expliqué :

– Tout ça fera de la bonne tisane, et sans elle, on n'aurait pas de bon lait !

# La pêche

J'avais dix ans. Par une belle journée ensoleillée de juin, nous campions près d'une rivière à Sarreguemines.

Accroupie au bord de l'eau limpide, je lavais mon linge. Dans le bruissement du courant, émergeaient du sable des algues qui laissaient flotter à la surface des centaines de petites fleurs blanches. Tout en lavant, j'observais deux hommes qui pêchaient à la ligne de l'autre côté de la rivière. Pour plaisanter, je leur ai lancé :

– Vous en mettez du temps pour attraper du poisson... Moi, à votre place, j'en aurais déjà eu un !

Ils ont traversé la rivière pour me demander mon secret.

– Que me donnerez-vous en échange ?

– De l'argent.

Marchant doucement dans l'eau, je me suis dirigée vers un endroit un peu plus profond. Je leur ai dit :

– Ici, il y a plein de poissons !

Curieux, ils se sont approchés pour voir comment j'allais m'y prendre. Je me suis baissée doucement, plongeant les bras dans l'eau. J'ai frôlé un poisson sur toute sa longueur, je l'ai empoigné par les branchies et l'ai sorti de l'eau. L'un des hommes m'a demandé :

– Qui t'a appris à pêcher comme cela ?

– Chez nous, tout le monde pêche de cette façon.

L'autre homme me fixait, et il m'a complimentée :

– Tu es très jolie avec tes nattes ! Mais si tu étais plus âgée, je te ferais emprisonner pour braconnage. Il est interdit de pêcher de cette façon.

– Pouvez-vous me dire pourquoi c'est interdit ? Qui a créé cette rivière ? Qui, dites-le-moi ?

Ils se sont regardés, puis m'ont observée à nouveau. J'ai insisté :

– Ce n'est pas vous qui avez créé cette rivière, n'est-ce pas ? Moi, je crois que c'est la nature qui a créé cette rivière pour tout le monde, qu'il soit pauvre ou riche.

Les deux hommes m'ont alors demandé comment s'appelait mon père.

– Je ne sais pas.

– Bien, si un jour on vous attrape en train de pêcher de cette façon, vous irez en prison.

Je sentais la colère monter en moi ; alors que j'avais voulu leur rendre service, ils m'avaient dupée.

– Mais, monsieur, nous, on ne se laisse jamais prendre ! Vous savez, je ne vais pas à l'école, mais mes parents m'ont appris que le monde a été façonné de manière à ce que chacun puisse subvenir à ses besoins.

Sans ajouter un mot, les deux hommes sont partis. Tout en marchant, ils se parlaient en riant et se retournaient de temps en temps vers moi. J'ai pris peur, j'ai ramassé mon linge et repris le chemin du campement.

# L’eau, notre bien le plus précieux

Sans eau, pas de vie, plus d’espoir. Pour dresser notre campement, les anciens choisissaient toujours des emplacements en lisière de forêt, et la plupart du temps au bord des rivières. Ils nous indiquaient un endroit dans le pré pour chercher de l’eau :

– Vous voyez là-bas, l’endroit où l’herbe est bien verte ? Prenez la louche et allez gratter jusqu’à ce qu’il n’y ait plus de terre noire. Dès que vous verrez le sable, creusez encore jusqu’à ce que l’eau apparaisse.

Pieds nus, on se dirigeait vers l’endroit indiqué et on creusait. Souvent un ancien nous rejoignait pour nous montrer la profondeur et le diamètre. On suivait ses instructions, et dans le trou on voyait l’eau émerger doucement de la terre, c’était magique... Alors l’ancien prenait la louche, goûtait l’eau et, si elle était bonne, il donnait le feu vert. On s’écriait :

– Ça y est, on a trouvé de l’eau !

Ma cousine et moi, on parcourait le pré afin de cueillir les plus belles fleurs, et on repartait vers la source. Là, on s’asseyait et on déposait nos fleurs dans l’eau en signe de reconnaissance. C’est ainsi que les anciens tziganes témoignaient leur respect pour l’eau.

Quand un garçon et une fille étaient épris l'un de l'autre, la jeune fille allait à la source et déposait dans l'eau une fleur que le jeune homme venait récupérer plus tard. Chacun connaissait la fleur préférée de sa bien-aimée...

Je me fais vraiment du souci pour l'eau sur Terre. Et pourtant, tout le monde sait que l'eau, c'est la vie ! Maintenant il faut l'acheter en bouteille pour s'assurer qu'elle est pure. Je n'aurais jamais pensé voir une chose pareille. Si cela continue ainsi, le monde est perdu.

Pourquoi les gens n'attachent-ils pas plus d'importance à l'eau de nos jours ? Si vous vous trouviez à l'agonie dans un désert, et qu'on vous offrait le choix entre un camion rempli de lingots d'or et simple verre d'eau, que demanderiez-vous : l'or ou l'eau ?

# Le gentilhomme de Pukanum

Grâce à son génie, un homme s'était enrichi. Il avait mis au point une invention bien mystérieuse pour nous, concernant le gaz. Je ne sais pourquoi, on l'appelait le gentilhomme de Pukanum. Il faisait partie de ceux qui, quand ils le pouvaient, aidaient les pauvres. Beaucoup de tziganes allaient frapper à sa porte, car il était généreux et accueillant.

De retour au pays, il s'était remis à fréquenter un restaurant à Diemeringen, comme autrefois. C'est là qu'un soir d'hiver, une semaine avant Noël, alors qu'il était attablé, la porte s'est ouverte sur des violonistes qui venaient récolter quelques pièces. Ils se sont installés, regardant autour d'eux pour se faire une idée de l'auditoire. L'un des musiciens a remarqué l'homme dont le visage lui semblait familier. Accompagné de sa femme, il portait un grand chapeau et avait belle allure. Et, lorsqu'à son tour il a découvert le violoniste, il est resté figé d'étonnement, ravi de revoir ces tziganes qui venaient souvent chez lui autrefois. Il leur a offert une tournée et s'est assis auprès d'eux. Et il leur a demandé d'amener les enfants du campement dans ce restaurant.

Le lendemain soir, ma mère m'a tressé deux longues nattes et a brossé les cheveux de ma sœur. Arrivés devant la porte du restaurant, les enfants étaient un peu intimidés, ne sachant comment se comporter. Impatiente, j'ai été la première à entrer, suivie par les autres. J'ai tout de suite vu l'homme qui nous attendait avec sa femme. D'un geste, il nous a appelés. Tour à tour nous avons avancé vers cet homme qui nous serrait la main en souriant, nous demandant notre nom et notre âge.

– Huit ans, ai-je répondu.

Il nous a donné à chacun quelques pièces, et nous a fait promettre de revenir tous les soirs de la semaine, jusqu'à Noël. L'une de mes sœurs possédait un ancien collier, si long qu'on pouvait l'enrouler deux fois autour du cou. La femme du gentilhomme de Pukanum l'a remarqué et lui a demandé si elle accepterait de le lui vendre. Ma sœur a dit oui, on ne pouvait rien refuser à des gens aussi gentils. La dame a emprunté un panier à linge chez un commerçant et nous a emmenés faire les magasins à Diemeringen. Elle nous demandait ce qu'on voulait et nous l'achetait aussitôt. Le panier s'est garni de victuailles. Après les emplettes, on est retournés au restaurant, et là, elle a donné en plus une bourse d'argent à ma sœur. Le panier était tellement lourd que nous avons dû emprunter une poussette. Sur le chemin du retour, nous étions si contents que nous chantions et dansions. Au campement, tous ont accouru et se sont servis. Il y avait à boire et à manger pour tout le monde...

Au mois de mai suivant, on a vu approcher de loin une calèche où étaient assis une femme, un homme et deux garçons. Avec son chapeau, l'homme faisait de grands signes. On l'a tout de suite reconnu, le gentilhomme de Pukanum ! Il était venu nous rendre visite avec sa famille, nous apportant un tonnelet de bière et de quoi festoyer. Parmi nous se trouvait une jeune fille, belle, douce et élégante, mais assez timide. Dès que les yeux du gentilhomme se sont posés sur elle, l'idée lui est venue de marier l'un de ses fils avec cette beauté. Mais elle ne voulait rien savoir, quoique le garçon ait eu fière allure. À chaque fois qu'ils venaient nous voir, elle se cachait pour ne pas le croiser. Ils nous retrouvaient toujours, malgré nos fréquents déplacements.

Cela se passait il y a bien longtemps. Pourtant, jamais je n'ai oublié cet homme bon et généreux.

# L'enfant rejeté

Autrefois les gens traitaient les tziganes de voleurs d'enfants – mais ce sont des calomnies. En revanche, il arrivait qu'une gadji* essaye de se débarrasser de son bébé en le donnant à une tzigane, alors qu'une tzigane ne ferait jamais une chose pareille ! L'enfant est le plus grand don, la plus grande richesse qu'on puisse recevoir. Jamais je ne comprendrai qu'une mère abandonne son enfant. Une chienne ne le ferait pas, alors que dire d'un être humain ?

Ma mère m'a raconté cette histoire qui lui était arrivée à Schweighouse, avant la Première Guerre mondiale. Des gens fortunés avaient une fille unique. Un soir que ma mère passait devant chez elle, la maîtresse de maison l'a interpellée :

– Rose ! Viens un moment, j'ai à te parler.

Ma mère l'a rejointe.

– Tu sais que j'ai confiance en toi. C'est pourquoi je vais te demander un service. Si tu acceptes, je te donnerai autant d'argent que tu voudras. Écoute, ma fille vient d'accoucher...

Ma mère était stupéfaite :

– Quoi ! Mais je ne savais même pas qu'elle était enceinte !

– Nous l'avons caché pour que les gens du village ne s'aperçoivent de rien. Imagine la honte que ce serait pour nous : ma fille, avoir un enfant illégitime, un enfant sans père !

– Mais où est l'enfant ? a demandé ma mère.

La dame a montré du doigt une autre pièce. Le nourrisson était posé sur un banc, enveloppé dans un tablier.

– Si tu l'emmènes, a-t-elle insisté, je te donnerai tout ce que tu voudras !

Ma mère s'est approchée, a soulevé doucement le coin du tablier, et aussitôt l'enfant s'est mis à crier. Elle a dit :

– Allez vite chercher la sage-femme !

– Oh non, par pitié, ne me fais pas ça !

Sa fille a crié d'une pièce voisine :

– Quelle honte, maman, quelle honte ! Je t'avais pourtant dit de le faire toi-même.

Entendant cela, ma mère s'est mise très en colère :

– Allez vite chercher la sage-femme, ou je préviens la police !

La maîtresse de maison est partie en courant. Ma mère est restée jusqu'à son retour afin de protéger l'enfant. Elle avait peur qu'on lui ôte la vie. Elle l'a pris dans ses bras et s'est dirigée vers la chambre où la jeune femme était alitée. Elle a déposé le nourrisson dans les bras de sa mère qui, prise de remords, l'a serré contre elle et s'est mise à pleurer. Quand la sage-femme est arrivée, elle s'est tout de suite occupée de l'enfant. Avant de partir, ma mère a de nouveau averti la dame que, s'il arrivait malheur à l'enfant, elle les dénoncerait.

Quelques années plus tard, ma mère est repassée dans cette maison pour proposer des marchandises. La jeune femme, son enfant, et un homme qui entre-temps l'avait épousée, étaient à table. Ma mère s'est exclamée :

– Oh, quel bel enfant vous avez ! Celui-là, je l'emmènerais volontiers...

La jeune femme, qui ne l'avait pas reconnue, a répliqué :

– Sûrement pas ! Un enfant est un trésor inestimable.

– Ah oui ? Mais vous savez que certains parents donneraient leurs enfants, rien que pour s'en débarrasser ?

C'est alors que la jeune femme a reconnu ma mère. Elle a baissé la tête sans mot dire. Pour cacher sa gêne, elle lui a demandé ce qu'elle avait à vendre, et lui a très vite acheté quelque chose, de peur que son mari ne se pose des questions...

# Le mauvais garçon de Lichtenberg

En arrivant à Lichtenberg, les premiers tziganes sont partis dans les villages alentour chercher de quoi nourrir leur famille. Seul un jeune homme est resté au campement, il jouait du violon auprès du feu tandis que les enfants s'amusaient. Non loin de là, un vieux paysan était en train de faucher. Dans l'air serein de l'automne, les sonorités mélodieuses lui parvenaient. Dès qu'il a eu fini, sa faux sur l'épaule, il s'est dirigé vers la musique. Il a salué le jeune tzigane et a bavardé avec lui. Lui aussi avait été musicien autrefois.

– Vous vivez dehors même en hiver ? a-t-il demandé.

– Bien sûr, nous n'avons pas d'autre choix.

L'homme a alors proposé d'héberger les tziganes dans une maison vide qu'il possédait. En échange, il viendrait de temps en temps les écouter faire de la musique. Ils ont accepté. J'ai été voir l'endroit. Un homme très âgé m'a montré les ruines de la maison, et m'a répété ce que ses parents disaient au sujet des premiers tziganes de Lichtenberg :

– Dès l'aube, la première levée, une vieille femme, debout sur la route devant la maison, bourrait sa pipe de tabac et appelait les siens dans une langue incompréhensible. Ils partaient tous de très bonne heure visiter les villages environnants, et rentraient tard le soir en portant à bout de bras de grands pots de terre cuite. À l'époque, le village était encore petit et ce sont les tziganes qui y ont apporté la joie.

Lorsque mon grand-père était jeune, il vivait à Lichtenberg. Les villageois évitaient un certain garçon qui avait une réputation de bagarreur. Alors que mon grand-père était entré à l'auberge pour acheter du tabac et boire une bière, le mauvais garçon lui a cherché querelle, l'a bousculé et a renversé son pichet. Mon grand-père, furieux, l'a invité à sortir pour se battre. Mais l'autre, voyant que le tzigane ne le craignait pas, a fait semblant de l'ignorer. Les clients se moquaient de lui. Alors mon grand-père a juré qu'il le retrouverait seul à seul, et qu'il lui réglerait son compte.

Un jour qu'il cherchait du bois en forêt, il a entendu des cris, des appels au secours. Il a découvert au fond d'un fossé le mauvais garçon de l'auberge. Le reconnaissant, celui-ci a pris peur. Il avait une jambe cassée. Mais mon grand-père s'est contenté de lui dire qu'il pourrait le laisser sur place et que personne n'en saurait jamais rien. L'autre se taisait. Alors le tzigane lui a fait des attelles avec deux morceaux de bois et l'a aidé à sortir du fossé. Il l'a raccompagné jusque chez lui en le soutenant. À partir de ce moment, ils sont devenus les meilleurs amis du monde...

Une autre fois, ils s'étaient un peu enivrés ensemble à l'auberge, et le mauvais garçon a proposé à mon grand-père d'explorer avec lui un passage secret du château en ruine. Il a accepté. Prenant une lanterne, ils se sont rendus à l'entrée de la galerie, close par une porte en fer. Là se tenait une petite fille, qui les observait en silence. Ils ont poussé la porte. Ils ont remarqué des croix inscrites sur les parois, mais ils ont continué d'avancer en pataugeant dans la boue. Tournant d'une galerie à l'autre, ils ont fini par se perdre. Alors mon grand-père, passant la lanterne à son ami, a déchiré une bande de tissu dans son foulard et y a enfilé sa bague. Celle-ci s'est mise à osciller, et il a suivi la direction qu'elle indiquait. Lorsqu'ils ont enfin émergé du passage secret, tout maculés de boue, ils ont poussé un ouf de soulagement.

Mais quelle surprise de découvrir que la petite fille qui les avait vus entrer était restée au même endroit ! Entre-temps elle était juste allée se chercher un goûter. Elle avait passé des heures sur place. C'était vraiment étrange. Si elle avait refermé la porte, ils ne s'en seraient pas sortis...

De retour à l'auberge après cette aventure, les clients n'en croyaient pas leurs yeux : ils étaient méconnaissables. Alors le mauvais garçon a dit à mon grand-père :

– Tu m'as de nouveau sauvé la vie !

À Lichtenberg encore, lorsque mon père avait dix ans, il connaissait un tzigane extraordinaire, qui avait sculpté un heaume (le blason de la famille de ce lieu) dans une colonne en pierre qui marquait un carrefour entre l'Alsace et la Lorraine. C'était un homme très grand, doué d'une sensibilité hors du commun, fasciné par tout ce qu'il voyait et entendait – et par ailleurs excellent violoniste. Avant de partir jouer, il allait dans les prés cueillir toutes sortes de fleurs qu'il accrochait à son chapeau. Puis il se rendait à l'auberge avec mon père, à qui il confiait une guitare accordée de manière à ce qu'il n'ait qu'à l'effleurer pour l'accompagner. Il posait son chapeau sur une table et commençait à jouer. Quand une femme venait prendre des fleurs, il lui lançait :

– Enfin, vous ne pouvez pas cueillir vos fleurs vous-même ? Moi, je dois me baisser pour chacune d'entre elles !

Si un homme en prenait pour les offrir à sa bien-aimée, il lui donnait un petit coup d'archet sur la tête. Quand son chapeau était entièrement dégarni, il grondait les gens :

– Alors quoi, vous ne pouvez pas aller chercher vos fleurs vous-mêmes ?

Il reprenait son chapeau et disait à mon père :

– Allons-y, je n'ai plus de fleurs.

Les habitués de l'auberge le connaissaient et se pliaient à son jeu qu'il renouvelait plusieurs fois, jusqu'à avoir gagné sa journée. C'était un homme incroyable, qui se laissait porter par l'enchantement du monde et de la nature.

# La mégère de Puberg

À Puberg, un brave homme, resté longtemps célibataire, s'était marié après le décès de ses parents avec une femme d'un village voisin. C'était quelqu'un de très gentil, qui travaillait énormément et ne sortait presque jamais. Sa femme au contraire était mesquine et avare, et se privait de beaucoup de choses. Du vivant des parents, on était toujours bien accueillis dans cette ferme, on ne ressortait jamais les mains vides. Il faut reconnaître que malgré l'égoïsme de la femme, la porte nous était toujours ouverte.

Un jour, alors qu'on était passés chez elle pour lui vendre quelque chose, son mari en rentrant du travail a voulu se préparer deux œufs au plat. Devant nous il espérait sans doute que sa femme n'oserait pas lui faire de remarques, mais hélas, elle avait quelque chose à dire :

– Quoi, deux œufs ? Mais un seul suffit largement !

Tout gêné, sans mot dire, il s'est fait un seul œuf au plat. Il obéissait en tout à sa femme, croyant que c'était normal. Elle était impitoyable avec lui. Quand nous y sommes retournés quelque temps plus tard, elle nous a dit carrément :

– Si seulement il pouvait crever, que j'en sois débarrassée !

On était tout ahuris par ce qu'on venait d'entendre. Une fois rentrés chez nous, on l'a raconté à ma mère. Elle nous a dit :

– Attendez seulement, un de ces jours j'irai lui lire les lignes de la main.

Quelque temps plus tard, ma mère y est allée. La mégère se plaignait de son mari trop renfermé, qui ne disait jamais rien. Ma mère a dit :

– Regarde ces belles dentelles. Si tu m'en achètes, je te dirai quelque chose qui te fera très plaisir.

– Il s'agit de mon mari ?

– Oui, et crois-moi, tu ne seras pas déçue. Mais il faudra faire tout ce que je te dirai.

– D'accord, je le ferai.

Ma mère a pris sa main :

– Bon, écoute bien. Le matin, quand ton mari se lève, il faut lui préparer son petit déjeuner avec quelque chose de bon à manger, du jambon, du fromage, etc. Et à midi, lui faire un repas bien consistant. Et chaque soir, quand les hommes du village se réunissent à l'auberge pour jouer aux cartes et boire un coup, tu y enverras ton mari.

Les yeux écarquillés d'étonnement, la femme a protesté :

– Mais si je me comporte ainsi, il sera content !

– Tu sais, je vois bien que tu veux t'en débarrasser.

– C'est sûr !

– Alors, il faut faire tout ce que je te dis pendant quinze jours.

La mégère a suivi les conseils de ma mère à la lettre. Les gens du village, qui aimaient bien cet homme, étaient très étonnés de le voir à l'auberge alors que sa femme le lui interdisait. Les jours passaient et il reprenait goût à la vie. Ses amis et les nôtres, le voyant tous les soirs, lui donnaient des conseils pour se faire respecter.

Quinze jours plus tard, ma mère et moi sommes retournées chez la dame. Dès qu'elle nous a vus, elle s'est écriée :

– Oh, Rose, mais qu'est-ce que tu as fait? Mon mari s'épanouit de jour en jour!

– C'est bon signe, a répondu ma mère, il n'en a plus pour très longtemps à vivre.

– Tu es sûre?

– Oui, oui. Je vais t'en dire plus, mais il faut que tu m'achètes quelque chose et me donnes quelques provisions.

– D'accord!

Ma mère a repris:

– Il faut que tu continues à te comporter de la même manière, et surtout, n'oublie pas de lui donner de quoi se payer à boire tous les soirs. Bientôt tout va t'appartenir ici, tu seras une femme riche.

La femme, pas très rassurée, a demandé:

– Vraiment?

– Oui, sans aucun doute. Continue à le servir et à lui obéir tant qu'il est en vie.

Une fois dehors, nous nous sommes réjouies d'avoir obtenu tant de choses de cette mégère. Ma mère m'a dit:

– Tu vas voir ce qui va lui arriver, à cette femme!

Le mari prenait confiance en lui, il était plus autoritaire et plus malin de jour en jour, et sa femme lui obéissait en tout. Il savait que ma mère lui lisait les lignes de la main, mais n'en parlait pas, comme s'ils avaient été complices. Un jour, il s'est arrêté chez nous et a dit à ma mère:

– Mais qu'as-tu fait à ma femme?

– Tu n'es pas content?

– Si, bien sûr, je te suis très reconnaissant, car sans toi, qui sait si je serais encore de ce monde! À présent je fais ce que je veux de ma femme, et elle m'aime chaque jour davantage.

– Il fallait bien que je t'aide, tes parents étaient des gens respectables, tu représentais tout pour eux et ne méritais pas d'être traité de cette façon.

Alors l'homme a promis :

– Tu pourras venir chez moi quand tu voudras, ma porte te sera toujours ouverte.

Une année a passé, nous sommes retournés à Puberg. La femme en voyant ma mère lui a dit :

– Ah ! je te dois mille mercis, car tu m'as aidée à chasser toute la méchanceté que j'avais en moi.

De ce jour, ils ont eu un enfant et ont formé une famille heureuse.

# Le géant de Baerenthal

Dans une tribu, il y a toujours un homme plus intelligent que les autres, qui sait donner des conseils, résoudre des problèmes ou prendre des décisions – diplomate et conciliateur en cas de provocation. Mais il y a aussi un homme plus fort que tous les autres ! Mes parents me citaient un certain Hanness, un tzigane tellement grand et costaud qu'on le surnommait « le géant de Baerenthal ». Ses longs cheveux lui tombaient sur les épaules. Il était célibataire. Travaillant dans une usine, il s'était trouvé un logement à Baerenthal.

Très serviable, il donnait souvent un coup de main aux villageois pour des travaux difficiles. Dans la ferronnerie où il travaillait, un jour il s'est mis en colère parce qu'on ne lui avait pas payé tout ce qu'on lui devait. Il a alors soulevé une enclume très lourde et l'a lancée dans l'eau. Tout le monde a essayé de l'en sortir, mais en vain. Alors Hanness, ayant renégocié son salaire, l'a ressortie tout seul...

Un vieil homme, presque centenaire, m'a raconté d'autres anecdotes sur ce « géant ». Il paraît qu'il arrivait même à soulever des chariots. Un jour où il était de nouveau en colère à l'usine, il a enrayé le mécanisme d'une machine. Un Noir qui se trouvait en Allemagne, très fort lui aussi – un boxeur peut-être ? –, avait entendu parler de la réputation de Hanness. Il est venu de loin pour se mesurer à lui. S'étant renseigné au village, il est allé le trouver à l'auberge et l'a défié. Mais Hanness s'est contenté de l'ignorer. Alors le Noir a poursuivi ses provocations et a donné une bourrade au «géant». Celui-ci, furieux, l'a empoigné par la taille, l'a soulevé et l'a jeté si violemment à terre que le plancher s'est fendu !

Le Noir avait les deux jambes cassées, mais c'est quand même lui qui s'est excusé le premier. Et Hanness a répondu :

– Si tu ne m'avais pas provoqué ainsi, je ne t'aurais pas touché ! Je suis désolé, mon vieux.

# La poupée de Noël

Cette histoire vraie était racontée par les anciens, pour nous montrer que certains gadjés méprisent les tziganes. Bien sûr, ceux qui nous comprennent le mieux sont les écrivains, les artistes et les braves gens.

Les flocons de neige tombaient drus sur la plaine. C'était la veille de Noël. Non loin d'un village se dressait un campement tzigane. Les cheminées des roulottes fumaient paisiblement. Les hommes, partis dans la forêt chercher des branches mortes pour faire du feu, revenaient avec des fagots qu'ils déposaient près des roulottes. Une jeune fille est sortie de l'une d'entre elles. Les flocons virevoltaient dans l'air, déposant sur son visage la fraîcheur de l'hiver. Elle a jeté son châle sur la tête et a pris le chemin qui menait au village.

Depuis quelques jours déjà, elle essayait de vendre du gui et du houx qu'elle avait cueillis. Plusieurs fois elle était passée devant une vitrine où était exposée une poupée qui lui plaisait énormément et qu'elle voulait s'acheter. Devant un restaurant, elle a aperçu le patron en conversation avec un ami. Ils étaient tous deux très riches. Elle s'est approchée d'eux :

– Achetez-moi du gui, il vous portera chance !

Les deux hommes se sont mis à rire vulgairement :

– Fous le camp avec ta merde !

La jeune fille sans réagir leur a tourné le dos et a continué son chemin. Tout en marchant elle les entendait parler :

– Je vais à la chasse au sanglier, a dit l'un.

Et l'autre a répondu :

– Je serais bien venu avec toi, mais j'ai trop de travail.

Une maîtresse de maison, derrière sa fenêtre, avait observé la scène. Elle est sortie et a interpellé la jeune fille, l'invitant à entrer chez elle. Elle lui a acheté quelques branches de gui.

– Que veux-tu faire avec l'argent ? a-t-elle demandé.

La jeune tzigane le lui a expliqué.

– Vois-tu, a dit la dame, tu ne gagneras jamais assez d'argent pour t'acheter celle-ci. Par contre, j'en ai une autre, une poupée aussi jolie que toi. Tu veux la voir ?

Et elle lui a offert une magnifique poupée en porcelaine. La jeune fille tout heureuse est rentrée chez elle en hâte. Enfin elle avait une poupée ! Tous l'admiraient.

Le lendemain, les villageois racontaient que le patron du restaurant avait failli passer la nuit de Noël dans la forêt, car il était tombé dans un ravin au cours de la chasse. En rentrant chez lui, cet homme avait juré de ne plus jamais rien refuser à une tzigane !

Noël est une fête sacrée. Un jour de dévotion, de piété, de recueillement, de méditation et d'amour dans le monde entier. Mais moi, cette fête me rend triste, car je pense à tous ceux qui souffrent, à tous les malheureux, à ceux qui sont seuls...

*« De la source à la mer »*

En 1988, Louise prit l'initiative de réaliser un film pour témoigner des atteintes de l'homme contre la nature. Avec sa famille et l'aide d'amis, elle organisa un voyage en deux roulottes depuis l'Alsace vers les Saintes-Maries-de-la-Mer. Le film, un « poème tzigane » dit-elle, fut terminé en 1992. Les photos qui suivent sont extraites de ce document vidéo. Ci-dessus, Louise est à droite.

Étape à Marboz, au nord de Lyon, et retrouvailles avec Émile Bouchard, agriculteur et ancien résistant, dont la famille accueillit celle de Louise dans les années noires de la guerre.

# LA GUERRE

## Premières inquiétudes

Au cours de l'été 1939, avant la déclaration de guerre, nous stationnions dans la plaine de Sarreguemines. Un jour, des gendarmes sont venus nous questionner sur nos noms, nos âges, nos métiers. C'était pour le recensement en vue de l'évacuation de la zone frontalière. Dès qu'ils sont partis, les adultes se sont regroupés pour discuter. Je les ai entendus dire :

– Cette guerre-là sera encore pire que les autres. Les anciens l'ont prédit.

Les villageois qui passaient sur la route avaient un comportement bizarre. On devinait qu'il se tramait quelque chose d'anormal. La peur nous gagnait. Les nôtres ont dit qu'il fallait partir. On a pris la direction de Kindwiller, notre commune de rattachement.

Au fur et à mesure que les roulottes avançaient, on sentait la tension monter. Les hommes ne sifflaient plus comme avant, les femmes ne plaisantaient plus. Moi qui avais l'habitude de marcher à côté de la roulotte, je m'étais assise à l'intérieur. Leur expression m'angoissait.

Une fois sur place, chacun s'est acquitté de sa tâche, mais personne n'avait le cœur à discuter. Les femmes sont parties chercher de quoi subvenir aux besoins de leur famille.

À leur retour, elles nous ont rapporté ce que le vieux curé du village avait dit à ses paroissiens :

– Priez, priez ! Car le Seigneur a baissé les bras et laissé le pouvoir au diable.

# La mobilisation

Venu de Bitche, le régiment de cavalerie dans lequel avait été appelé mon frère Antoine stationnait non loin de notre campement. Antoine était un bel homme, il était très patriote et se plaisait dans l'armée. On voyait qu'il en était fier. Ses compagnons le respectaient car c'était un cavalier hors pair.

Il avait obtenu de son supérieur la permission de venir nous dire au revoir avant de partir au front. On l'a vu arriver au galop. D'un bond il est descendu de cheval et a demandé tout de suite où était ma mère. Mon père lui a dit qu'elle était partie chiner. Antoine était très pressé, car son régiment devait se diriger vers la frontière, près de Wissembourg. Mais il s'efforçait de garder le sourire pour ne pas faire de peine à mon père. Finalement il a dit:

– Il faut que j'y aille.

– Attends, a dit mon père, je t'accompagne.

– Non, reste là, ça ira.

– Si, je veux faire un bout de chemin avec toi.

Tous deux se sont mis en marche à côté du cheval. Arrivés à Pfaffenhoffen, mon frère s'est remis en selle:

– Papa, rentre maintenant et ne te fais pas de souci pour moi.

Mon père, avec un pincement au cœur, est revenu sur ses pas. Mais c'était trop dur, ils se sont retournés tous les deux et se sont lancé un dernier regard. Plein de mélancolie, mon frère a talonné le cheval qui s'est cabré en hennissant, puis a filé au galop.

En prenant un raccourci pour rentrer, mon père a traversé une profonde rivière. Tremblant de froid, il est rentré dans la roulotte, s'est changé et couché. Voyant qu'il n'arrêtait pas de frissonner, nous sommes allés chercher un médecin. Ce dernier a dit à ma mère :

– Faites-lui prendre ce médicament. S'il arrive à passer la nuit, il sera sauvé.

On l'a veillé toute la nuit. Assise, ma mère restait silencieuse depuis qu'elle avait appris qu'elle avait manqué son fils. Fort heureusement, le lendemain mon père allait mieux.

Quelque temps après, on a changé de place. Aux abords de la petite forêt où l'on s'était arrêtés, s'étirait une route bordée d'acacias et de buissons. Nous avons creusé un abri dans la forêt, et nous y avons placé un petit oratoire avec une statue de la Sainte Vierge, pour nous protéger en cas d'attaque d'avions ennemis. Dès qu'on entendait au loin au loin la sirène hurler, on allait se réfugier dans l'abri avec les masques à gaz que la commune nous avait donnés.

C'était la « drôle de guerre ». Dans la soirée, des soldats de l'infanterie ont fait une halte près de chez nous. Ils étaient épuisés, on les voyait s'allonger ou s'asseoir n'importe où. Je n'oublierai jamais leur expression. Ils nous faisaient de la peine, et en même temps nous redoutions terriblement les bombardements de l'aviation ennemie. Nous sommes allés à la source chercher un seau d'eau fraîche, dans lequel on a plongé une louche pour que les soldats puissent se désaltérer. Près d'eux coulait un petit ruisseau. Après un court repos, de temps à autre l'un d'eux allait s'y rafraîchir.

On se sentait aussi proches d'eux que s'ils avaient été nos frères. On souffrait pour eux. Le plus grand amour, c'est quand il y a la guerre et qu'on est vraiment unis, qu'on se sent responsable vis-à-vis des autres. Les larmes aux yeux, nous les regardions. Mon père a dit :

– Pauvres garçons, quand on pense au chagrin de leurs parents. S'ils les voyaient dans cet état...

Et ma mère :

– Où est mon fils maintenant ?

Elle seule pouvait comprendre cette douleur des parents qui n'ont pas de nouvelles de leurs fils au front.

Nous ne faisions que prier, suppliant le Seigneur que les avions ennemis n'apparaissent pas dans le ciel. Je voyais de temps à autre un adulte s'éloigner, aller se cacher derrière une roulotte pour dissimuler ses larmes et sa gorge nouée. Même moi, toute adolescente que j'étais, je ressentais un grand chagrin.

Deux heures plus tard, les soldats ont repris leur paquetage et sont repartis en nous faisant des signes d'adieu. Nous, sur la route, on les suivait du regard en implorant le Seigneur de veiller sur eux.

# La débâcle vue par mon frère

Un jour nous avons vu des soldats français se replier. Je les regardais défiler du haut d'un pont. Lors d'une halte, l'un d'eux s'est approché de moi, s'est assis et a fait mon portrait.

– Tu me rappelles ma sœur, avec tes nattes, m'a-t-il dit les larmes aux yeux en me montrant son dessin.

Et puis un homme est rentré complètement affolé. La plupart des villageois fuyaient avant l'arrivée des Allemands. Le maire lui avait dit :

– Il vaudrait mieux que vous partiez aussi. Je vous donnerai des tickets de rationnement valables dans n'importe quelle commune. Mais si les Allemands arrivent, je ne pourrai plus rien pour vous.

La peur nous a gagnés, et les hommes ont décidé de partir. Avec nos roulottes, nous avons repris la route.

La compagnie de mon frère aîné, Antoine, devait passer à proximité – mais nous ne l'avons pas vu. Quatre ans plus tard, après la fin de la guerre, il nous a raconté ce qui lui était arrivé ce jour-là :

– J'étais assis dans une carriole militaire tirée par des chevaux. Nous n'étions pas très loin et je voulais vous informer qu'on se repliait vers l'ouest. Mais j'étais tellement épuisé que je me suis endormi. Il faisait presque nuit quand je me suis réveillé brutalement. La carriole était en train de verser dans un ravin ! J'en suis sorti d'un bond, tout effrayé. Vous ayant raté de peu, je tournais en rond en frappant dans mes mains. J'avais de la peine. Je ne savais pas quand je vous reverrais...

Antoine n'a été capable de nous parler plus en détail de la guerre que longtemps après. Un jour qu'il s'était un peu enivré, il s'est dirigé vers un cheval en bois qui se trouvait sur le campement. Il l'a enfourché et a fait semblant de galoper. On voyait qu'il ne pensait à rien d'autre qu'à la monture. Son expression était grave. Il est descendu du cheval les larmes aux yeux et est venu s'asseoir. On l'a regardé, souriant d'étonnement.

– Ah, vous riez? a-t-il dit. Si vous saviez vraiment ce qu'est un cheval, vous ne ririez pas. Le cheval était mon meilleur ami pendant la guerre.

Quand on lui demandait de nous parler de la guerre, mon frère refusait le plus souvent. Il restait pensif, les yeux dans le vague. Tant de choses lourdes à porter semblaient enfouies en lui, qu'il n'arrivait pas à exprimer ! C'était comme s'il voulait oublier ces atrocités, ne plus avoir à les revivre. Rares étaient les moments où il acceptait d'évoquer ses souvenirs, et alors il ne racontait que l'essentiel car cela le faisait trop souffrir et, de plus, il croyait que ceux qui n'avaient pas vécu la même chose que lui ne pouvaient pas le comprendre. Il commençait en retenant ses larmes :

– Bon, je vais vous raconter quelque chose. Pendant les derniers combats de la poche de Dunkerque, fin mai 1940, alors que ma compagnie fuyait les Allemands à cheval, venant du bas-fossé nous avons entendu une voix de femme appeler à l'aide. Mon supérieur est allé voir. C'était une belle femme. Elle souffrait le martyre, ses deux jambes étaient coupées. À côté d'elle gisait près d'une poussette son enfant décapité. Mon supérieur s'est approché d'elle, lui a caressé le front et lui a donné le coup de grâce... Le régiment a poursuivi sa route alors que les bombardements allemands se rapprochaient. On fuyait aussi vite qu'on pouvait. Brusquement mon cheval s'est arrêté. J'ai essayé de le faire avancer, mais rien à faire, il tournait en rond. J'ai sauté à terre et je me suis aperçu qu'il était blessé à la jambe. Je me suis dit que j'étais perdu. J'ai regardé autour de moi, désespéré. Au loin, j'ai aperçu un cheval qui galopait dans ma direction. Aussitôt j'ai couru vers lui, j'ai empoigné la sellette et j'ai sauté sur son dos. Le cheval a continué sa course folle. J'ai réussi à rattraper ma compagnie, et je l'ai même dépassée. L'un de mes amis a crié : « Regardez ! Il a le cheval du lieutenant ! » Nous sommes arrivés dans une forêt où nous nous sommes mis à couvert. Une femme se trouvait là avec son enfant dans les bras. Elle avait fui son village à cause des bombardements, qui s'éloignaient à présent. Elle m'a proposé d'y retourner avec elle pour récupérer son or et ses bijoux, me promettant de tout partager avec moi. J'ai refusé catégoriquement. Je ne pouvais pas quitter mon régiment, et de toute façon je ne risquerais pas ma vie pour de l'argent ! Quand les bombardements ont cessé, nous avons repris la route. Plus tard, à une autre halte, je m'étais allongé pour me reposer un moment, mais je me suis à nouveau endormi sans le vouloir. À mon réveil, la compagnie était repartie sans moi... C'est alors que je me suis embarqué avec d'autres pour l'Angleterre. Sur le bateau, je suppliais : « Seigneur, faites que l'embarcation ne soit pas bombardée pendant la traversée ! » Et je parlais en pensée à nos parents : « Papa, maman, je ne vous reverrai plus jamais ! » Mais la chance était avec nous, car à peine avions-nous débarqué que les bombardements reprenaient. Pour me protéger, j'ai dû me cacher sous les corps des soldats tués...

Pendant qu'il racontait ce genre d'histoire, on voyait qu'Antoine revivait toutes ces horreurs. On aurait quand même voulu qu'il continue, mais il s'en tenait là.

# Les aviateurs

Pendant cette «drôle de guerre», nous nous sommes trouvés coincés dans une commune à proximité de l'aérodrome d'Épinal, pour des problèmes de papiers. En avril 1940, on avait interdit aux tziganes de circuler librement. Nous devions nous déclarer à la gendarmerie et nous étions astreints à résidence dans une commune.

Nos roulottes étaient garées dans la cour d'un restaurant fréquenté par des aviateurs français. Un soir, un pilote est venu nous demander si nous voulions bien venir jouer de la musique au restaurant pour les soldats. Les hommes ont accepté avec joie. Tard dans la soirée, en sortant du restaurant, les aviateurs parlaient entre eux d'un raid qu'ils allaient faire sur l'Allemagne. Ils nous ont expliqué que le lendemain, quand ils nous survoleraient, ils nous feraient signe en oscillant des ailes, et qu'on devrait avoir une pensée pour eux. Les femmes plaignaient ces jeunes gens qui de leur mieux défendaient la France.

Le lendemain, en les regardant voler vers leur destination, on a agité les bras pour leur dire au revoir. Certains priaient pour eux. On se les rappelait la veille, quand ils étaient chez nous. Toute la journée, nous avons attendu leur retour. À un moment, quelqu'un s'est écrié :

– J'entends quelque chose, ce doit être eux !

On est tous accourus, et là, on a vu dans le ciel l'un d'eux qui nous faisait signe : il était bien rentré. Nous étions contents pour lui, mais nous nous faisions encore du souci pour les autres. Heureusement, peu de temps après, ils sont tous rentrés sains et saufs. Adultes comme enfants, nous sautions de joie.

Durant les quelques jours passés sur place, on a observé les rotations incessantes des avions. Après chaque vol, les aviateurs passaient chez nous pour nous rassurer. Et tous les soirs nos hommes leur jouaient de la musique au restaurant. La veille de notre départ, l'un d'eux nous a montré la semelle de sa botte où s'était fichée une balle, qui fort heureusement ne lui avait causé aucun mal. Quand ils ont appris qu'on repartait, ils étaient tristes et nous ont tous embrassés en nous remerciant de notre soutien.

Une autre fois, des avions nous ont survolés. Naturellement, nous nous sommes précipités sur la route pour leur faire de grands signes. Ils voltigeaient comme des corbeaux, et tout à coup, l'un d'eux a piqué droit sur nous. Mon oncle a crié :

– Ce sont des Allemands, cachez-vous vite, ils vont nous tirer dessus !

On a couru se réfugier dans un ravin. L'avion a mitraillé dans notre direction, mais il est reparti aussitôt. Heureusement nous en sommes tous sortis indemnes. On l'a entendu s'éloigner, et on ne l'a plus revu.

# Première rencontre avec les Allemands

J'étais partie avec deux amies du côté d'Engwiller, un village du nord du Bas-Rhin où se trouvait une cantine de l'armée française. J'ai demandé à un soldat :

– Pourriez-vous me donner un peu de café ?

Il m'a regardée en souriant gentiment :

– Es-tu tzigane ?

– Oui.

– Comment t'appelles-tu ?

– Je m'appelle Louise.

– Écoute, Louise, je vais te donner du café et aussi du pain, mais en échange, tu me laisseras prendre une photo de toi.

J'étais d'accord. Toutes les trois, nous nous sommes placées devant une maison et il nous a prises en photo, moi chargée d'un sac qu'il avait rempli de provisions. La fatigue se lisait sur son visage. Triste mais confiant, il m'a serré la main. Il nous a regardées partir, et malgré ma jeunesse j'éprouvais une grande peine pour lui. Cet instant est resté gravé dans ma mémoire.

Eh bien, cet homme-là, je suis retombée sur lui par hasard à la fin de la guerre ! J'y reviendrai...

C'était la fin du printemps 1940. L'armée allemande avait attaqué et progressait vite. Cette idée suscitait en nous une peur étrange, indéfinissable. On sentait qu'à coup sûr notre vie allait être bouleversée... Un jour, un paysan nous a avertis que les Allemands n'étaient plus qu'à quelques kilomètres. Beaucoup d'entre nous se sont réfugiés dans leur roulotte, ne sachant à quel saint se vouer. Les vrombissements des avions ennemis s'éloignaient, tandis que les grincements des chenilles des chars d'assaut se rapprochaient.

Les adultes avaient ordonné aux enfants de rester à l'intérieur. Mais moi, curieuse comme toujours, j'avais désobéi. C'est ainsi que j'ai vu les Allemands arriver. Je les observais attentivement. À un moment donné, le regard de l'un d'eux s'est posé sur moi. Je n'oublierai jamais, mais vraiment jamais, le mépris que contenait ce regard. J'en ai frissonné d'effroi.

Ils ont continué leur route jusqu'à Pfaffenhoffen pour y installer leurs quartiers. Quelques jours plus tard, une voiture s'est approchée du campement. Des officiers allemands en sont sortis et se sont dirigés vers les hommes. Ils ont demandé :

– Depuis quand occupez-vous cet emplacement ?

– Depuis toujours, a prétendu l'un d'entre nous.

– Dans quelle commune êtes-vous enregistrés ?

– À Kindwiller.

– Et que faites-vous comme travail ?

– Nous fabriquons des paniers, nous aidons les cultivateurs, et nous jouons de la musique.

– Alors comme ça, vous avez des musiciens parmi vous ?

– Bien sûr.

– Parfait. Ce soir nous reviendrons, et vous nous ferez de la musique.

Le soir, ils étaient de bonne humeur et polis. Nos hommes avaient la rage au cœur, mais ils savaient qu'ils ne pouvaient pas refuser. Ils n'avaient pas le choix. Ils ont donc pris leurs instruments et ont commencé à jouer sans entrain. Pourtant leurs airs ont beaucoup plu aux officiers, qui leur ont donné à chacun un petit cigare pour les récompenser.

Délivrés de leur présence, nous étions soulagés. J'écoutais les hommes discuter entre eux, évoquant leur antipathie envers les Allemands et regrettant leurs compatriotes français pour qui ils avaient joué auparavant.

# L’expulsion

À partir d’octobre 1940, il avait été décrété par les autorités nazies qui administraient l’Alsace et la Moselle annexées au Reich après la défaite, que tous les tziganes seraient expulsés en zone française sud sous administration de Vichy, en même temps que tous les patriotes réfractaires à l’annexion et les juifs, ou seraient transférés dans des camps. Nous étions de plus en plus inquiets. La rumeur circulait que nous ne pourrions éviter l’internement qu’à condition d’habiter un appartement. Mon oncle Reinhardt en avait trouvé un à Bitschhoffen et s’y était installé avec les siens. Il nous avait dit que si notre propre famille se faisait prendre, nous devrions informer les Allemands de son existence, car il ne voulait pas être séparé de nous.

Un matin, à l’aube, nous avons entendu un camion approcher. Il s’est arrêté près des roulottes. Un coup de feu a retenti, suivi d’un cri :

– *Aufstehen !* (Debout !)

Les adultes sont sortis, paniqués. Les Allemands continuaient de crier :

– *Aufstehen, aufstehen !*

On s’est habillés en vitesse et on est sortis. Ils se tenaient là, les mitraillettes pointées sur nous, prêts à nous embarquer.

Les hommes ont voulu prendre leur violon ou leur guitare, mais un soldat est intervenu :

– Interdit d'emporter quoi que ce soit. Laissez tout.

Au péril de sa vie, un homme a couru vers son cheval pour le remettre en liberté. Poursuivi par un soldat qui le tenait en joue, il a quand même réussi à détacher l'animal.

L'un d'entre nous a dit, comme convenu :

– Il y a une autre famille à Bitschhoffen.

Un Allemand a répondu :

– Ceux-là, on les tient déjà.

J'ignore encore aujourd'hui qui au village avait dénoncé mon oncle. C'est pendant la guerre qu'on découvre la véritable nature des êtres humains. Comment peut-on dénoncer des gens qu'on ne connaît même pas ? Un tzigane n'aurait jamais dénoncé qui que ce soit ! Bien au contraire, s'il avait pu lui venir en aide, il l'aurait fait malgré les risques encourus. Il n'aurait jamais supporté un poids aussi lourd sur sa conscience.

Les Allemands nous ont fait monter brutalement dans le camion. Pendant qu'il démarrait, je voyais au loin le cheval libéré, qui était monté au sommet d'une pente, s'arrêter pour regarder dans notre direction.

Le camion a roulé jusqu'à la commune où nous étions enregistrés, Kindwiller. On nous a conduits chez le maire. Mon père lui a demandé :

– Monsieur le maire, pourquoi nous expulser ? Nous n'avons jamais fait de tort à personne.

– Je sais bien, mais je ne peux pas m'opposer au décret. J'ai rédigé une liste de vos noms, indiquant que nous n'avons jamais eu de problème avec vous. Et voici des tickets de rationnement valables partout où vous irez.

Le camion est reparti et a roulé jusqu'à la gare de Strasbourg, où l'on nous a fait descendre. Sur le quai, nous attendait un train à bestiaux. Il y avait d'autres familles déjà sur place. Les soldats nous ont tous entassés dans un wagon où se trouvaient une botte de paille et une miche de pain par famille. La porte s'est refermée avec un bruit sourd, et le train a démarré.

Il a roulé lentement jusqu'à Schirmeck, où il a stationné toute la journée. Nous entendions seulement le vacarme des soldats allemands à l'extérieur. À l'inverse, un silence pesant régnait dans notre wagon. Ma mère avait réuni tous les enfants autour d'elle et avait commencé à prier avec eux. On n'avait plus rien à boire ni à manger. Pas de couverture non plus. Par l'unique lucarne garnie de barreaux, un homme jetait de temps à autre un coup d'œil furtif au-dehors, pour essayer de voir ce qui se passait. On faisait monter d'autres familles.

Dans la soirée, un contrôleur a sifflé et le train s'est mis en marche. Ne sachant rien de notre destination, nous craignions tous le pire. Les hommes disaient :

– Si jamais c'est en Allemagne qu'ils nous emmènent, ce sera pour y mourir, c'est certain.

Le train est retourné vers la gare de Strasbourg. De temps à autre, on entendait un enfant pleurer. Ma belle-sœur à grand-peine s'est hissée jusqu'à la lucarne et a demandé un peu de lait pour son enfant.

– Quel âge a-t-il ? ont dit les Allemands.

– Il a un an.

– À cet âge-là, ce n'est plus un bébé !

Telle a été leur réponse.

Puis le convoi est reparti à Mundolsheim, à quelques kilomètres au nord de Strasbourg, où il est resté stationné toute la nuit. Un autre train s'est immobilisé à côté du nôtre. Ce n'était pas un train à bestiaux. Il venait aussi de Schirmeck et contenait d'autres tziganes, qui nous ont appelés par la fenêtre en agitant les bras. Ils disaient :

– Les Allemands nous ont battus et maltraités !

Les femmes, hors d'elles, hurlaient :

– Si vous saviez ce qui nous est arrivé là-bas, c'en est fait de nous !

Comment oublier de telles images ? Je revois encore ces hommes avec leur crâne rasé, et la terreur qui se lisait sur les visages – c'était terrible. Non, on ne peut pas oublier ces choses-là...

Le lendemain nous sommes partis pour Haguenau, pas très loin de notre point de départ initial. C'est là, nous a-t-on dit, que devaient être rassemblés dans un même convoi tous les tziganes du nord de l'Alsace. Quand nous nous sommes arrêtés, certains étaient déjà à l'intérieur. Mon père tentait d'apercevoir ce qui se passait dehors, lorsque tout à coup, un soldat a frappé sur la lucarne de toutes ses forces avec la crosse de son fusil. Mon père l'a évitée de justesse.

On nous a fait sortir des wagons. Je me rappelle encore sur les visages les expressions d'effroi, d'angoisse, de doute... Les officiers allemands ont choisi les plus belles filles tziganes et se sont pris en photo avec elles. Après cela, on nous a poussés dans le grand convoi avec les autres et le train a démarré lentement. Souvent il s'arrêtait pour laisser passer un autre convoi, puis reprenait sa route.

Nous avons enduré tant de choses pendant les huit jours que nous avons passés dans les trains, tant de choses abominables... Le train roulait aussi pendant la nuit. Il avançait si lentement qu'on aurait pu marcher à côté.

Les hommes s'interrogeaient :

– Où vont-ils nous emmener maintenant ?

Ma mère priait sans cesse :

– Seigneur, nous n'avons jamais fait de mal, je vous en supplie, aidez-nous, protégez-nous !

Et le convoi se traînait, s'arrêtait, repartait, avançait, c'était interminable. Ma sœur et moi, on avait le corps et le visage couverts de croûtes purulentes. Rien à boire, rien à manger, impossible de se laver. L'odeur nauséabonde dans le wagon devenait insupportable.

Une seule fois, le train s'est arrêté en rase campagne. Les gardes nous ont fait descendre et ont indiqué par gestes que nous pouvions faire nos besoins. Ils nous surveillaient de très près. De retrouver l'air frais et de revoir la nature, c'était comme un rêve... Mais quelques minutes après, on a dû remonter et le train est reparti.

# À Lyon

Après avoir roulé une partie de la nuit, le convoi a commencé à ralentir. On a entendu une voix dans un haut-parleur :

– Ici, Lons-le-Saunier, ici, Lons-le-Saunier.

Mon oncle s'est exclamé :

– Mon Dieu, mais je connais ce nom ! On est toujours en France.

On s'est tous levés :

– C'est vrai, tu en es sûr ?

– Mais oui ! Absolument sûr.

Ma mère a dit :

– Dieu soit loué, nous sommes peut-être sauvés !

On nous a fait descendre du train pour monter dans un autre. C'est là que soudain, on a remarqué qu'il n'y avait plus d'Allemands... Nous étions en zone sud, au-delà de la ligne de démarcation. C'était un vrai train où l'on pouvait ouvrir les fenêtres, respirer et s'asseoir. Nous nous sentions enfin un peu libres, et même si nous ignorions toujours notre destination finale, nous étions presque heureux ! Un homme qui poussait une brouette sur le quai allait de wagon en wagon pour distribuer du chocolat aux enfants. Il y avait tant de monde sur ce quai, on entendait des appels, des cris, les gens couraient en tous sens. Les nôtres répétaient :

– Maintenant c'est sûr, on est sauvés, on est en zone libre !

Le nouveau train nous a conduits jusqu'à la gare de Lyon. Sur le quai, nous attendait la Croix Rouge française, prévenue de notre arrivée. Ils étaient bouleversés en nous voyant dans cet état épouvantable. Ils ont tendu des biberons aux enfants, du tabac et des cigarettes aux adultes. Après nous avoir donné les premiers soins, ils nous ont emmenés aux bains-douches. Une infirmière nous a ôté les croûtes du visage, à ma sœur et à moi, nous a badigeonnées de Mercurochrome et nous a donné des habits propres. Chacun a reçu une assiette, et on nous a servi un repas.

Peut-être, si l'un de nos bienfaiteurs est encore en vie, se rappelle-t-il ce que la Croix Rouge a fait pour nous ? Toute ma vie je leur en serai reconnaissante, ainsi qu'à la France. Certains tziganes ont dû se réfugier dans les forêts pour survivre pendant l'Occupation. D'autres ont subi dans les camps un sort bien pire que le nôtre, je le sais. Pourtant, ce que nous avons enduré dans ces trains, je ne le souhaite à personne. Encore aujourd'hui, j'y pense toujours. Comment peut-on faire tant de mal à des êtres humains ?

On nous a logés au Palais de la foire. Chacun s'est installé comme il pouvait. On ne manquait de rien. Quelques semaines se sont écoulées ainsi.

Un beau matin, ma mère nous a raconté son rêve nocturne :

– Un coq tout blanc volait vers moi, il s'est posé sur ma poitrine, et de ses deux ailes il m'a serrée très fort. Je sais ce que ça signifie : je vais avoir des nouvelles de mon fils aîné.

Quelques heures plus tard, Rosa est accourue :

– Maman, maman, dehors il y a quelqu'un qui dit avoir vu un jeune homme chercher sa famille !

Ma mère, dans tous ses états, est sortie en hâte. Nous l'avons suivie. On était dehors depuis un certain temps, lorsqu'on a vu s'approcher une silhouette. Eh oui, c'était Antoine, qu'on n'avait plus revu depuis le début de la guerre ! Il portait une écharpe blanche autour du cou.

Ma mère n'en croyait pas ses yeux :

– Mais oui, s'exclamait-elle, mais oui, c'est bien lui ! C'est mon fils.

Arrivé devant nous, il a fixé ma mère qui était sur le point de perdre connaissance, muet, ébahi. Il nous a regardés chacun tour à tour, puis doucement, avec un sourire tremblant, en étouffant ses pleurs, il a enlacé ma mère en murmurant :

– C'est bien vous ? Je ne le crois pas. Ce n'est pas possible. Je pensais ne jamais vous revoir...

Riant et pleurant à la fois, elle a pris son fils dans ses bras et l'a embrassé.

Et dire que beaucoup de gens ne croient en rien ! Ma mère invoquait toujours Notre-Dame du Bon Secours et saint Antoine. Elle était certaine que son fils s'en sortirait vivant.

# Le camp d'Argelès

On nous a informés que ceux qui cherchaient un appartement pour rester à Lyon devaient se signaler. Et pour ceux qui voulaient partir, de petites baraques avec jardin les attendaient à Argelès-sur-Mer, dans les Pyrénées Orientales. La majorité d'entre nous a accepté la proposition, trop contents de quitter la ville. Mon père a pris son baluchon, prêt à suivre les autres. Il était déjà monté dans le tramway, pensant que ma mère allait le suivre avec les enfants. Ce n'était pas le cas. Il a insisté, mais elle refusait de partir, disant :

– Si tu veux y aller, vas-y ! Moi, je vais attendre ici de savoir comment ça se passe à Argelès.

Mon père a sauté du tram et nous a rejoints. Seules quelques familles sont restées au Palais de la foire. Un jour ma mère, qui savait lire et écrire, a reçu une lettre de l'un de ses frères : « On nous a menti ! Nous avons bien des petites baraques au bord de la mer, mais elles sont encerclées de barbelés. »

En fait, le camp d'Argelès, créé en février 1939 pour accueillir les réfugiés de la guerre civile espagnole, regroupait désormais les Juifs, les tziganes et les étrangers jugés indésirables aux yeux du gouvernement de Vichy, sous la surveillance des fusils. C'était un véritable camp d'internement où régnait une misère affreuse. Ainsi, ma mère a décidé de prendre un logement à Lyon. Nous avons emménagé rue de Créqui.

Mon père avait trouvé du travail sur un chantier grâce à la Croix Rouge, qui nous avait également fourni des vêtements. Il touchait son salaire, mais on ne pouvait rien acheter sans tickets de rationnement. Comme il y avait au chantier un jeune homme qui avait perdu toute sa famille, mon père a demandé à ma mère de mieux remplir sa gamelle, afin de pouvoir partager son repas avec lui...

Quelques mois ont passé ainsi. Un samedi, mes parents ont réussi à se procurer deux grandes miches paysannes. Le lendemain, on a frappé à notre porte. Mes parents sont allés ouvrir. Sur le seuil se tenaient les deux frères de ma mère et un cousin, dans un état lamentable, très amaigris. Nous nous sommes levés pour les accueillir. Ils ont fondu en larmes. Une fois assis, ils se sont bornés à regarder le pain en pleurant. Ils ne voulaient pas y toucher tant que leurs familles ne seraient pas avec eux.

– Mais où sont vos femmes et vos enfants? a demandé mon père.

– Ils sont toujours au camp d'Argelès, nous autres, nous nous sommes enfuis, a expliqué mon oncle.

Ils sont restés chez nous. On les aidait tant qu'on pouvait. Ils ont trouvé du travail et un logement. Quelque temps après, ils sont repartis tous les trois en train jusqu'à Argelès. Pendant la nuit, l'une après l'autre, ils ont réussi à faire sortir leurs familles du camp. Une fois libres, les trois familles se sont séparées pour retourner à Lyon. Tout s'est bien passé, ils n'ont été ni contrôlés, ni arrêtés. À bout de forces, ils se sont enfin installés dans leurs logements.

Tous les tziganes qui pouvaient fuir le camp d'Argelès le faisaient.

# Au cinéma

On a déménagé Montée de la Grande Côte, juste au-dessus d'un restaurant. Cinq à six familles, des parents à nous, habitaient déjà l'immeuble. Les hommes descendaient tous les soirs au restaurant pour y faire de la musique et jouer aux cartes. Au début les gens étaient méfiants, mais avec le temps, ils sont devenus de bons amis, très contents de nous avoir pour voisins.

Les jeunes tziganes, le ventre vide, allaient chercher du bois de chauffage dans des maisons abandonnées et délabrées. Malgré la faim qui nous tenaillait, jamais nous ne tombions malades et nous avions gardé toute notre agilité. Les voisins nous voyaient rentrer tous les jours, les bras chargés de bois. Un jour, une dame âgée m'a proposé :

– Je vois que tu n'es pas fainéante, si tu m'apportes tous les jours un peu de bois, je te payerais.

Je l'ai dit à Charles, mon jeune frère, qui est allé demander à cette dame si elle connaissait d'autres personnes intéressées. Il a fait affaire avec sa voisine. Le matin de très bonne heure, on prenait le tram jusqu'au centre ville. De là, on partait à la recherche de maisons en ruine. Chacun ramassait autant de bois qu'il pouvait et en faisait un fagot. Bien chargés, on reprenait le tram en sens inverse. Malgré quelques bousculades, les gens ne se plaignaient pas, au contraire, ils nous aidaient. Nous n'avions pas besoin de nous méfier, les Lyonnais étaient très gentils avec nous. Nous refaisions la tournée plusieurs fois par jour. Et quand on avait gagné suffisamment d'argent, on se préparait pour notre récompense : le cinéma !

Nous avons vu plusieurs fois de suite le même film de Fred Astaire. C'est comme cela que nous avons appris à faire des claquettes. Lorsqu'on descendait la raide et interminable Montée de la Grande Côte, on chantait et on dansait au rythme des claquettes. Quelquefois, même en remontant, l'envie était si forte qu'on posait notre bois pour recommencer, chacun essayant de surpasser les autres. On y prenait tant de plaisir que les gens s'arrêtaient pour nous regarder. On leur faisait un peu oublier les soucis de la guerre. Mais dès que les spectateurs autour de nous étaient trop nombreux, on ramassait notre bois et on filait. On ne tenait pas trop à se faire remarquer...

Une fois, Charles, Rosa, des amis et moi sommes allés au cinéma. Il nous manquait juste quelques sous pour rentrer tous, et nous pensions que le caissier nous laisserait passer. Mais il a refusé. Comme nous voulions rester ensemble, nous sommes repartis. Dehors, l'un de nos amis furieux a déclaré :

– Demain, il verra, celui-là.

Le lendemain, au cinéma, cet ami a donné à chacun un petit sachet. Nous nous sommes installés au balcon. La séance a commencé. Nous regardions tranquillement le film, quand le copain nous a soufflé à l'oreille :

– Ouvrez les sachets et lancez la poudre sur le public !

On lui a obéi. Aussitôt après, on a roulé en boule les enveloppes et on les a gobées, puis on a continué à regarder tranquillement le film. Tout à coup, on a entendu un éternuement, puis un autre, et peu à peu tout le monde s'est mis à éternuer. Des rires ont fusé, transformés en fous rires. Certains regardaient autour d'eux avec appréhension. La salle entière était prise de délire. Nous qui adorions rire, nous étions servis ! La séance a été stoppée, les lumières se sont rallumées. Les gendarmes sont arrivés. Ils ont commencé à fouiller tous les spectateurs du balcon. L'un d'eux a inspecté mes poches. En plein fou rire, je m'accrochais à mon fauteuil :

– Mais Monsieur, qu'est-ce que vous cherchez exactement ?

Il m'a regardée sans répondre, se retenant d'éclater de rire à son tour. Je voyais le patron du cinéma courir dans tous les sens, hors de lui, cherchant à dénicher le responsable. Enfin la séance a repris. On entendait encore de temps à autre quelques personnes éternuer. À la sortie, les gens échangeaient des commentaires et riaient encore.

En rentrant chez nous, nous n'arrêtions pas de plaisanter : nous l'avions eue, notre revanche ! Je vous le dis, le rire est un excellent médicament.

Toutes les histoires n'étaient pas aussi drôles. D'autres tziganes habitaient près de chez nous, à Villeurbanne. Un jour, dans leur rue, quelqu'un avait lancé par la fenêtre une grenade sur des soldats allemands. Ces derniers ont rassemblé tous les hommes tziganes de la rue et les ont emmenés dans une cour pour les exécuter. Les femmes tombaient à genoux, criaient et suppliaient le Seigneur de les épargner.

Quand les hommes sont revenus, la mort se lisait sur leurs visages. Femmes et enfants sont accourus :

– Mon Dieu, vous voilà ! Que s'est-il passé ?

Ils étaient incapables de parler. La voix leur manquait, enlaçant leurs femmes, ils pleuraient. Enfin l'un d'eux a raconté :

– C’est un miracle ! Nous étions déjà alignés dos au mur, les Allemands nous mettaient en joue, et juste au moment où ils allaient tirer, un sous-officier qui passait par là leur a crié : « Halte ! Vous ne voyez pas que ce sont des tziganes ? Laissez-les partir. »

# Petit guide de survie

Le soir, chacun partait à la recherche de mégots. Tout le monde s'y mettait, les riches comme les pauvres. Il n'y avait pas de honte à cela. Seulement, les gens aisés avaient des cannes munies d'un clou qu'ils piquaient dans les mégots, sans avoir à se baisser. Ça faisait plus discret... Quand on en avait assez, on rentrait à la maison. Là, on ouvrait les mégots et on mélangeait tout le tabac. Les adultes étaient très contents.

Un jour du printemps 1944, les sirènes d'alerte se sont mises à hurler, et on est tous sortis de la maison. En scrutant le ciel, j'ai vu un avion larguer une bombe sur une usine assez éloignée. Ensuite on a entendu les sirènes des pompiers qui se dirigeaient vers l'usine en feu. On a appris que c'était une usine et un dépôt de sucre, et qu'il y avait eu des morts parce que beaucoup de gens y allaient se ravitailler.

Quelques jours plus tard, bravant l'interdiction des autorités, les enfants se sont rendus sur les lieux pour récupérer du sucre. Pendant des heures on a martelé là où il s'était caramélisé. En rentrant chez nous, des gens qui nous voyaient avec un seau rempli nous en demandaient un peu et nous le payaient. Nos parents ignoraient tout des risques que nous prenions. Ainsi, tous les jours on partait chercher du bois, du sucre, du tabac, en chantant et en riant. L'argent gagné, on le remettait aux parents, gardant juste de quoi aller au cinéma.

Antoine, de son côté, n'avait pas un sou. Il songeait aux moyens d'en gagner un peu. Tout en réfléchissant, il s'est endormi et s'est mis à rêver. Dans son rêve, il voyait la place du marché. Au bout de celle-ci, près du trottoir, se trouvait par terre une noix. Il la ramassait et l'écrasait entre ses paumes. Dans la noix, il y avait trois grains de blé en or.

À son réveil, il a raconté ce rêve à sa femme, qui en a souri. Ils sont sortis de chez eux. En chemin, ils ont traversé la place du marché. Mon frère a indiqué à sa femme l'endroit où il avait vu la noix dans son rêve. En approchant, ils ont remarqué quelque chose qui traînait par terre. Et là, à leur stupéfaction, ils ont découvert un portefeuille ! Mon frère l'a ramassé et ouvert : il contenait trois mille francs ! Tout heureux, ils se sont empressés d'aller faire des courses...

J'avais quinze ans lorsqu'on nous a attribué un autre logement, aux environs de Villeurbanne. Une cousine, qui habitait à une trentaine de kilomètres de Lyon, est venue nous rendre visite. Elle était très étonnée de découvrir la pénurie qui sévissait chez nous. Elle connaissait une boulangerie qui, quand la patronne était là, donnait souvent du pain sans ticket de rationnement. Ma mère et moi l'avons raccompagnée chez elle, à Anthon dans l'Isère, d'où nous nous sommes rendues à la boulangerie en question. Mais la patronne n'y était pas. Alors nous avons marché plusieurs kilomètres jusqu'à un moulin pour y trouver de la farine, mais là, rien non plus. Continuant notre chemin, nous sommes arrivées à une autre boulangerie, qui nous a donné une livre de pain sans ticket.

Sur le chemin du retour, on marchait avec peine tant la faim nous tenaillait. Le vent froid nous glaçait le visage. Ma mère m'a donné un petit morceau de pain, en a pris elle-même une bouchée, puis l'a remis dans son sac pour le reste de la famille. Ma cousine, voyant cela, a dit à ma mère :

– Rentre à Lyon et laisse Pisla chez moi jusqu'à demain.

Le matin, de très bonne heure, elle m'a ramenée à la première boulangerie. Par chance, la boulangère était présente. Elle m'a donné deux grands pains, et trois à ma cousine. De là, nous sommes allées dans une ferme où ma cousine a reçu des grattons et quelques pommes de terre. Au retour, tandis que j'attendais le bus pour Lyon, d'un autre bus qui en venait sont descendues des filles que je connaissais. En voyant mes provisions, elles se sont écriées :

– Quelle chance tu as !

– Dépêchez-vous d'y aller, la patronne est encore sur place.

Je me sentais riche à millions ! À Lyon, j'ai attendu le tramway pour rentrer à la maison. C'était l'heure des sorties d'usine. Un jeune homme s'est approché de moi et m'a demandé un morceau de pain. Derrière lui, deux ou trois autres ouvriers me regardaient fixement. Malgré une légère appréhension, j'allais accepter lorsque le tram est arrivé. J'ai sauté dedans. Le jeune homme me suivait du regard. J'avais le cœur lourd, je regrettais de ne pas avoir pu lui donner satisfaction.

Ma mère était dans la cour, en train de prendre de l'eau à un robinet. Quand elle m'a vue arriver, elle s'est précipitée à l'intérieur pour prévenir les autres. Tandis qu'elle coupait le pain et le distribuait, je lui ai raconté l'histoire du jeune ouvrier.

– Pourquoi ne lui en as-tu pas donné ? a-t-elle demandé.

– J'ai pris peur en voyant les autres hommes qui se tenaient derrière lui.

– Dommage ! Vous savez, j'ai déjà connu une autre guerre. Si vous avez l'occasion de partager ce que vous avez, alors faites-le aujourd'hui. Car c'est maintenant que ça compte, quand la guerre sera terminée, vous n'aurez plus à le faire.

Cette image du jeune homme qui me suivait du regard alors que j'étais dans le tram ne m'a jamais quittée. Je n'arrive pas à comprendre qu'il existe des gens sur terre qui font souffrir leur prochain, et qui malgré cela vivent sans regrets. Alors que moi, juste pour un morceau de pain, je regretterai toute ma vie.

# La Résistance

À Villeurbanne, nous étions entourés de résistants sans le savoir, excepté mon frère Antoine qui les voyait souvent, sans nous révéler le contenu de ces rencontres.

On nous avait priés de donner un coup de main à des paysans de la Bresse. C'est ainsi que nous avons pris le chemin de Marboz, à 90 kilomètres au nord de Lyon. Dans une grande ferme, Émile Bouchard et sa femme Fernande nous ont accueillis chaleureusement. Il nous a invités à faire comme chez nous, à nous installer dans des granges pleines de paille et de foin. Entourés de vaches, de chevaux, de chèvres, de poules, nous nous sentions libres.

La mère d'Émile Bouchard, quand elle voyait au loin les enfants, les appelait et leur offrait de grandes tartines de fromage blanc. Ces gens étaient tellement gentils que nous n'osions pas approcher de leur maison, de peur de les déranger. Nous les aidions avec plaisir à la ferme.

Antoine a raconté à Émile Bouchard ce qu'il avait fait à l'armée et dans le maquis (cela, nous l'ignorions à ce moment). Le fermier lui a montré les caches des résistants. Il était lui-même engagé dans la Résistance. Un jour, il a demandé à mon frère, qu'il avait surnommé « Maréchal », d'embaucher les hommes de notre clan pour couper des arbres afin de tendre une embuscade aux Allemands. Je revois encore mon frère instruire les tziganes alignés en rang, leur montrant comme marcher au pas, criant :

– Garde à vous ! Repos ! En avant, marche !

J'étais très fière de lui. L'un des hommes a fait un faux mouvement et a trébuché sur un autre. Ils ont tous éclaté de rire. Antoine a lancé d'un ton de réprimande :

– Mais qu'est-ce que vous faites ? Arrêtez tout de suite !

En fait, il se retenait de rire aussi. Tous plaisantaient encore en marchant jusqu'au camion où Émile Bouchard les attendait pour mener à bien l'opération.

Il était comme un père pour nous. Les tziganes qui l'ont connu ne l'oublieront jamais. Cet homme-là n'est pas venu au monde pour rien, il a accompli sa mission sur terre. C'était quelqu'un de fort, avec un cœur vrai. Je les ai revus, lui et sa femme, à la fin des années 1980, alors que je faisais avec ma famille le tour de tous les lieux où nous étions passés pendant la guerre et que nous avons tourné notre film sur le voyage vers les Saintes-Maries-de-la-Mer.

Personne ne savait exactement qui étaient les résistants. Quand ils avaient une tâche à accomplir, ils surgissaient de nulle part et aussitôt disparaissaient. Autour de moi j'entendais souvent parler du maquis, mais les premiers résistants que j'aie vus, c'était à la fin de la guerre. Un jour que je marchais vers une ferme à quelques kilomètres de chez nous, en sens inverse est passé un camion dont la bâche était à demi rabattue. Assis à l'arrière, les résistants brandissaient leurs mitraillettes en riant, tout joyeux. Ils portaient un foulard ou une écharpe autour du cou. On aurait dit des pirates !

Plus tard, un résistant qui, dans un restaurant, conversait avec les hommes de ma famille, leur a dit :

La famille Bouchard accueillit et protégea la famille de Louise près de Lyon à la fin de la guerre. Émile Bouchard est le deuxième à gauche, en haut.

– Vous êtes vraiment un peuple à part, vous autres les tziganes. Je vous respecte pour vos idées, votre fierté et votre originalité.

Le 6 juin 1944, jour du débarquement allié en Normandie, ma mère folle de joie a fabriqué des fleurs en papier rouge et en a décoré toute la maison. Ce même jour tombait l'anniversaire des mes dix-huit ans... Je ne risque pas de l'oublier !

# Une bonne leçon

La France était progressivement libérée, la guerre touchait à sa fin et nous vivions toujours dans la région de Marboz. On ne voyait presque plus d'Allemands, sauf quelques déserteurs ou soldats perdus pendant les opérations de repli. Une prime de quinze francs, disait-on, était versée à celui qui en capturait un. Mon jeune frère Charles était parti attraper des hérissons. Dans les buissons, il a aperçu deux Allemands en uniformes, mais sans casques, qui observaient notre campement. Il s'est approché d'eux doucement, mettant la main dans sa poche pour leur faire croire qu'il avait un revolver :

– Haut les mains !

Surpris, les soldats ont levé les bras. Autour du feu, nous préparions des pommes de terre en robe des champs et du hérisson, quand nous avons entendu Charles nous appeler. Il ramenait les deux hommes avec lui. On était stupéfaits.

L'un disait :

– Ne me faites pas de mal, j'ai trois enfants.

Et l'autre :

– Moi aussi, j'ai des enfants !

Ils nous suppliaient de les épargner. Ils étaient très maigres. Mon père leur a dit en allemand :

– Nous n'avons jamais fait de mal à personne, nous sommes des êtres humains.

Il a sorti de la casserole deux pommes de terre qu'il leur a données :

– Maintenant, filez, si quelqu'un m'entend vous parler en allemand, nous aurons des ennuis.

Les deux hommes sont partis. Tout en courant, ils mordaient dans les pommes de terre, se retournant de temps à autre de peur qu'on ne tire sur eux. Quand ils ont disparu, mon père s'est tourné vers Charles :

– Mais qu'est-ce qui t'a pris ?

Mon frère a répliqué :

– Ces salauds d'Allemands, si je les avais amenés à la mairie, j'aurais touché quinze francs par tête.

Sitôt dit, mon frère a reçu une gifle de mon père :

– Tu ne connais même pas ces hommes. Ils ne t'ont rien fait. Tu as vu dans quel état ils étaient ? Si tu avais été à leur place, tu aurais été content qu'on te laisse partir ! De toute façon ils se feront quand même arrêter, et toi tu pourras avoir la conscience tranquille. Il s'est déjà passé assez d'horreurs, et toi, tu aurais voulu vendre un être humain juste pour un peu d'argent ?

# La Libération

Quand nous avons appris que les Américains et l'armée française de libération n'étaient plus très loin, nous sommes tous allés au ruisseau. Les mamans ont fait la toilette aux enfants, nous nous sommes arrangés comme nous pouvions. Moi, j'ai mis une blouse rouge. Ensemble, nous nous sommes rendus au village pour accueillir nos libérateurs. Tout en marchant, on dansait, on riait, c'était l'euphorie.

Le village entier s'était préparé à l'arrivée des Américains. Ici, une femme avec un panier, là, une autre avec un grand bouquet de fleurs, d'autres portant dans leurs tabliers des pommes de terre, des tomates. Partout on entendait de la musique. Je contemplais tous ces visages qui auparavant me semblaient si tristes, et qui maintenant affichaient leur joie. Une nouvelle vie commençait !

Dans un bruit assourdissant un avion nous a survolés très bas et, dans un grincement de chenilles, le premier tank a fait son apparition à l'entrée du village. Les gens lançaient aux soldats des fleurs et des fruits. Le premier tank a été suivi d'un autre, puis d'un camion, lui-même suivi par une Jeep avec quatre officiers coiffés de casques blancs. Dès qu'ils nous ont vus, ils se sont arrêtés à côté de nous, ainsi que le convoi derrière eux. Ne sachant pas pourquoi ils avaient stoppé, les soldats regardaient tous pour voir ce qui se passait. L'un des officiers m'a interpellée :

– Gypsy !

C'était la première fois que j'entendais ce mot. Je n'osais pas approcher, alors les garçons m'ont poussée :

– Mais vas-y !

Avec un peu d'appréhension, j'ai avancé vers eux et, à tour de rôle, ils m'ont enlacée et embrassée. L'un d'eux m'a piqué une grande fleur dans les cheveux, le deuxième m'a donné une poignée de chewing-gums, et les deux autres, du sucre, du chocolat et des cigarettes américaines. Me montrant un bouquet, ils m'ont fait comprendre que je devais lancer les fleurs aux soldats qui suivaient. J'ai entendu une jeune femme s'exclamer derrière moi :

– Eh bien, elle en a de la chance, celle-là !

Et le convoi a redémarré. Voyant que les gens tendaient des tomates fraîches aux soldats, j'étais allée dans le jardin le plus proche pour en cueillir. Mais au lieu de les offrir, je les ai lancées... La première tomate a éclaté sur le casque d'un soldat et le jus a dégouliné le long de son visage. Il m'a fait un petit geste qui signifiait que je méritais une fessée. Je riais si fort que je ne pouvais plus rien faire. Toutes les filles m'en voulaient d'avoir été choisie malgré mes espiègleries. Je n'étais pourtant pas plus belle que les autres ! Jamais maquillée, naturelle, vive, drôle – bref, peut-être différente...

Ensuite, j'ai distribué le chocolat, le sucre, les cigarettes et le chewing-gum auquel on goûtait pour la première fois. La guerre était vraiment terminée pour nous !

# Danse avec un Américain

Un groupe de maquisards avait capturé des jeunes femmes gadjés accusées d'avoir fréquenté l'ennemi pendant l'Occupation. Ils les ont entassées dans des cages en bois faites pour les porcs. Fixées sur des charrues, ils les ont fait défiler ainsi dans les rues de Villeurbanne.

Ces jeunes femmes ne pouvaient pas bouger tant elles étaient serrées les unes contre les autres. On voyait juste leur tête dépasser des cages. Elles auraient été belles, si leur crâne n'avait été tondu. On y avait peint la croix gammée en noir ou en rouge. Les gens leur jetaient à la figure tout ce qui leur tombait sous la main, et leur crachaient dessus. Dans le regard de ces femmes se lisaient la terreur et l'humiliation. Sur leur passage, certains d'entre nous se détournaient pour éviter de les voir...

Même si à Lyon, on avait dansé toute la nuit, la Libération, ce n'était pas une fête pour tout le monde. Mais pour mes amies et moi, ça l'était ! Nous sommes parties en ville à quatre ou cinq filles pour nous amuser. Ce jour-là, je m'étais tressé deux nattes et j'avais mis des boucles d'oreille à perles blanches que je m'étais confectionnées moi-même. Je portais une jupe cloche et un chemisier marron à pois blancs, cousus par une femme de la famille avec du tissu provenant de la Croix

Rouge, ainsi que des chaussures à talons. J'étais heureuse et fière. Nous tenions à montrer aux Alliés notre joie et notre gratitude pour la liberté qu'ils nous avaient rendue. Tout en marchant bras dessus bras dessous, on faisait des claquettes et on dansait sur des mélodies qu'on fredonnait. Ayant vu une femme jeter un bouquet de fleurs dans une poubelle, chacune a choisi une fleur et l'a piquée dans ses cheveux. Moi, j'en ai pris une petite blanche. Puis on a continué notre chemin.

Des soldats américains discutaient devant un restaurant. En nous voyant passer, l'un d'eux s'est dirigé droit sur nous. Il s'est approché de moi, m'a empoignée par le bras et m'a entraînée à l'intérieur. Nos parents nous avaient interdit d'entrer dans les restaurants, et bien sûr nous leur obéissions. Mais tout est allé si vite que je n'ai pas eu le temps de réaliser ce qui se passait. Je résistais comme je pouvais, mais rien à faire, il était beaucoup plus fort que moi. Il a fini par me soulever de terre et me porter à l'intérieur tellement je me débattais. Quand il m'a déposée, tous les clients se sont mis à crier :

– Gypsy ! Gypsy !

Même les musiciens avec leurs foulards rouges autour du cou se sont levés en criant : « Gypsy ! » On aurait dit qu'ils n'avaient jamais vu de tziganes. Le restaurant était plein de gradés avec leurs compagnes du moment, c'était très chic. Celui qui m'y avait amenée de force a demandé une rumba à l'orchestre. Me prenant par le bras, il a commencé à danser avec moi. Tout en dansant, je fixais le sol, effrayée. Je tâchais de danser très mal, espérant qu'il se découragerait, mais rien n'y faisait. Il ne cessait de me relever le menton, me parlant gentiment en anglais pour me calmer et me mettre à l'aise. Je pensais :

Louise, à gauche, peu après la fin de la guerre.

– Seigneur, si seulement je pouvais m'enfuir !

Je jetais des coups d'œil furtifs vers mes amies qui me regardaient par la fenêtre du restaurant en me faisant signe de les rejoindre. J'essayais sans cesse de fausser compagnie aux Américains qui, de temps à autre, me donnaient une petite tape sur l'épaule comme pour me dire que je n'avais rien à craindre, ou comme si mon contact devait leur porter bonheur – en tout cas, c'est ainsi que je le ressentais.

Finalement, j'ai changé de tactique et je me suis laissé faire en attendant le bon moment. Voyant que mon partenaire faisait des claquettes, j'ai commencé à le suivre à ma façon. En fait, le jazz ressemble un peu à notre musique. Les clients et les autres danseurs nous encerclaient, applaudissant en rythme et riant aux éclats. Mon partenaire a commis l'erreur de parler à ses amis, et c'est là que j'ai réussi à me sauver.

Dehors, les filles se sont exclamées :

– Quel excellent danseur !

– Et comment ! ai-je répondu. Mais surtout, ne dites rien aux parents, sinon ils ne me laisseront plus sortir. Vous avez vu que j'ai été enlevée malgré moi !

Je me sentais quand même flattée d'avoir pu danser avec un Américain. J'étais fière d'avoir pu suivre le moindre de ses pas. Et ce soir-là, toute seule dans mon lit, je riais de cette aventure...

# Retrouvailles inattendues

Un matin de bonne heure, les hommes ont décidé de prendre le tramway pour faire la tournée des fermes de la Bresse, aux alentours de Marboz, afin d'essayer de troquer nos paniers contre de la nourriture. Je les accompagnais. Les hommes se sont assis et ont commencé à tresser l'osier. Mon père m'a dit :

– Tiens, Pisla, prends un panier, et va à la ferme là-bas demander en échange une feuille de tabac sèche. Je ne peux pas travailler ainsi sans une cigarette à fumer.

En arrivant dans la cour, j'ai vu un homme occupé à charger du fumier sur un chariot. Je lui ai lancé :

– Bonjour !

Pas de réponse. L'homme se contentait de me fixer en silence. Puis il a planté sa fourche dans le fumier et a appelé sa femme. Celle-ci accourue, il lui a demandé :

– Regarde-la ! Ce ne serait pas elle, à ton avis ?

Je me suis mise à trembler, prête à m'enfuir. Que se passait-il ? La femme est retournée aux escaliers où la veste du bleu de travail de son mari était accrochée. Elle en a sorti un portefeuille, et de celui-ci a tiré une photo. Elle m'a regardée à nouveau, puis la photo, et enfin elle a confirmé à son mari :

– Aucun doute, c'est bien elle !

La femme est venue vers moi et m'a embrassée, les larmes aux yeux. Je ne l'avais jamais vue, pourtant! À son tour, l'homme s'est approché de moi en pleurant et m'a serrée dans ses bras. Il m'a alors montré la photo qu'il avait prise de moi quelques années auparavant, et m'a dit qu'elle avait été son porte-bonheur pendant toute la guerre. Où qu'il aille, il portait toujours cette photo sur lui.

Oui, c'était le soldat qui m'avait donné du café et du pain au début de la guerre, quand son régiment était stationné en Alsace. Je ne l'oublierai jamais.

# L'APRÈS-GUERRE

# Retour en Alsace

Quelques mois se sont écoulés après la Libération. À Lyon, on nous a informés à la fin de l'hiver que ceux qui voulaient rentrer en Alsace, entièrement libérée des Allemands en février 1945, pouvaient prendre le train tout de suite. Sinon, ils devraient attendre plusieurs semaines un train spécial pour les réfugiés. Nous aurions peut-être obtenu plus d'aide en attendant, mais nous étions si pressés de rentrer chez nous que nous avons fait nos baluchons et sommes repartis pour l'Alsace, ravis.

À la gare de Strasbourg, lorsque nous sommes descendus du train, le chef de gare s'est écrié :

– Regardez ! Les tziganes sont de retour. Ça veut dire que la guerre est vraiment finie !

On voyait encore partout en périphérie de la ville les traces des bombardements, beaucoup d'immeubles étaient en ruine. Nous sommes allés directement à Hoenheim, à quelques kilomètres au nord de la ville. Près du canal, se dressaient une maison vide et une grange à blé. Nous nous sommes installés dans et autour de la grange pour dormir. Comme nous n'avions plus ni roulottes ni chevaux, on nous avait fourni des tentes pour nous abriter. On est restés sur place plus de huit jours. Tous les soirs, les hommes et les jeunes allaient dans un restaurant jouer de la musique. Avec quel plaisir les gens nous accueillaient ! Ils étaient tellement contents de nous revoir qu'ils nous servaient à manger et à boire gracieusement. On ne possédait plus rien, à part nos baluchons ; mais souvent, la joie nous tenait éveillés jusqu'au petit matin.

Ensuite chacun a repris sa route, certains se sont rendus à Haguenau, d'autres à Kaltenhouse, ou encore à Wissembourg... Et nous, dans notre chère Alsace bossue. Tout en marchant, on contemplait ces paysages familiers avec délice. Quel bonheur de redécouvrir notre région !

Arrivés à Ingwiller, nous avons dressé nos tentes près de la forêt pour passer l'hiver. Le matin, les hommes devaient déblayer la neige pour pouvoir faire du feu. Malgré cela nous n'avions pas froid, car pour isoler la tente on avait étalé de la paille en dessous, et nous avions des plumons bien chauds. On échangeait avec les paysans des paniers, des aiguilles ou des épingles contre des victuailles, pommes de terre, farine ou lard. Les hommes jouaient de la musique. Il fallait encore des tickets de rationnement pour tout. Mais les moments difficiles n'étaient rien, comparés à ceux qu'on avait connus pendant la guerre.

Le Premier mai, aux aurores, mon père, mes oncles, mes cousins, mes frères, ma sœur et moi, nous nous sommes préparés à faire une excursion en forêt pour fêter l'arrivée du printemps. Il bruinait, les fleurs sortaient de terre, cela sentait merveilleusement bon. Nous nous arrêtions souvent pour admirer la nature, émerveillés. Leur violon sous le bras, les hommes ont mis à leur chapeau un rameau de hêtre. L'un de mes oncles a cueilli les feuilles d'une plante acidulée pour calmer sa soif.

Nous avons été reçus gaiement par un aubergiste, qui nous a offert une tournée. Après quoi les hommes ont pris leurs instruments. Enchanté par la musique, de temps à autre quelqu'un posait une pièce sur la table en nous remerciant. À notre retour au village, il en a été de même au restaurant. Oui, la guerre était terminée et nous étions fous de joie d'avoir retrouvé l'Alsace. Cette excursion du Premier mai était notre façon de remercier le Ciel d'être rentrés sains et saufs dans notre région bien-aimée.

Après la guerre, les musiciens se faisaient rares. Comme mon frère Charles était déjà un bon guitariste à l'âge de quinze ans, avec un de ses amis qui jouait de la batterie et moi-même qui chantais, nous étions très sollicités. Un jour nous sommes allés jouer à La Petite-Pierre, dans une soirée privée pour des chasseurs et des gendarmes accompagnés de leurs épouses. Les chasseurs portaient une tenue plaisante, ils avaient de grosses moustaches et un grand chapeau. L'ambiance était très animée, joyeuse. Un chasseur m'a invitée à valser, et je me suis mise à fredonner une mélodie de Strauss tout en dansant. Il m'a alors priée de chanter. Comme je refusais, il a insisté et m'a offert quelques verres. Je me suis laissé attendrir. C'est alors que mon frère m'a appelée sur l'estrade, où j'ai entamé une csardas, suivie par d'autres chansons. À la fin de mon récital, le chasseur a fait tourner son chapeau dans la salle et m'a tendu le produit de sa quête. Un beau souvenir, j'y repense chaque fois que je passe à La Petite-Pierre...

Plus tard, mon frère a transmis sa passion et ses dons pour la musique à ses fils, qui sont à leur tour devenus d'excellents artistes.

Double-page précédente :
Au retour en Alsace en 1945, plus de roulottes, détruites par les nazis.
La famille de Louise s'installa sous des tentes en bordure de forêt près d'Ingwiller.
Louise est à gauche, le bras tendu. Photo du début des années 1950.

# Temps difficiles

Les tziganes d'Allemagne et des zones annexées par les nazis avaient été exterminés, alors que nous avions eu la chance de rester en vie. Nous avions reçu un peu d'argent pour l'aide au retour, mais nous sortions de cette longue et affreuse guerre dépossédés de tout : chevaux, roulottes, vêtements, ustensiles, instruments de musique... Bien que dépourvus du strict nécessaire, il nous arrivait de nouveau d'être accusés à tort de vol. Les vieux préjugés renaissaient. Ainsi, les hommes étaient furieux le jour où les gendarmes de Weiterswiller sont venus fouiller notre roulotte et les tentes :

– Nous n'en avons pas encore assez subi ? Après tant d'épreuves, nous pensions avoir enfin la paix en rentrant chez nous !

Très irrités, les hommes ont dit aux gendarmes que nous n'avions pas de cave pour stocker pommes de terre et oignons. Quelque temps après, même perquisition après un vol de poules chez le boulanger. Les gendarmes ont vérifié qu'il ne flottait pas quelques plumes dans l'air de notre campement.

Dans chaque commune se trouvait une personne malhonnête qui profitait de notre présence pour commettre des vols. Et bien sûr, les tziganes étaient tout désignés pour faire office de coupables...

Nous avions souvent faim. Un après-midi, j'étais partie chercher de l'eau. J'étais très fatiguée et je ne me sentais pas bien. Je suis entrée dans la cour d'une ferme où les gens mangeaient, attablés au-dehors. Le maître de maison m'a montré où était le robinet. Après avoir rempli mon seau, je me suis retournée et là, sur la table, j'ai vu des pommes de terre en robe des champs. J'ai eu soudain une envie folle d'en manger. J'ai demandé à la maîtresse de maison :

– S'il vous plaît, je pourrais avoir une pomme de terre ?

La réponse ne s'est pas fait attendre :

– Et puis quoi encore ? Regarde, mon chien aboie, il attend qu'on lui donne à manger.

Ils ont tous éclaté de rire, se moquant de moi. Ils m'ont humiliée à un tel point que j'ai levé les bras au ciel :

– S'il y a un Dieu, il vous punira ! ai-je lancé.

Je suis repartie la gorge noué, la rage au cœur. Comment des gens pareils pouvaient-ils exister ?

Le jour même nous sommes partis pour une autre destination. Trois semaines plus tard, nous étions de retour. À nouveau je cherchais de l'eau dans la même rue. Là, une femme qui regardait par la fenêtre d'une petite maison m'a interpellée :

– Bonjour ! Vous n'auriez pas envie de boire un café avec moi ?

Je l'ai regardée, son visage me disait quelque chose. J'ai eu un étrange pressentiment et j'ai tourné la tête : juste en face se trouvait une ferme entièrement brûlée. J'ai répondu :

– Non merci, aujourd'hui je n'ai envie de rien.

Je venais de reconnaître la femme qui m'avait refusé une pomme de terre. J'ai appris par la suite que sa ferme avait été entièrement détruite par l'incendie, récoltes et animaux compris. De plus, les propriétaires n'étaient pas assurés. J'avais de la peine pour eux, jamais je ne leur aurais souhaité pareil désastre...

# Sparsbach

Une année avait passé, c'était l'automne. Nous avions planté nos tentes à l'entrée du village de Sparsbach, où habitait une femme du nom d'Émilie. Elle était fine et menue, son beau visage rayonnait de bonté. Mon père lui rendait souvent visite, apportant des paniers pour les cerises. Il restait de bonne humeur en toutes circonstances, il aimait danser, rire et passer du temps avec les autres. La musique vivait en lui. Il ne se plaignait jamais. Cependant, rien qu'en le voyant, cette femme devinait dans quelles conditions nous subsistions. Elle sentait que nous devions affronter chaque jour le froid et les intempéries. Elle a proposé à mon père d'installer notre famille dans une maison inhabitée qu'elle possédait. Il est rentré tout ému, et nous a annoncé que l'hiver prochain ne nous ferait pas trop souffrir, car la gentille Émilie nous prêtait sa maison.

C'est avec une joie indescriptible que tous ensemble, femmes, hommes et enfants, nous avons emménagé le soir même. La famille entière était enfin réunie sous un même toit ! Nous avons astiqué la maison de fond en comble. Non seulement elle nous a abrités, mais aussi permis de vivre en contact avec la nature, car elle se dressait au milieu des arbres et des chants d'oiseaux, tout près d'un ruisseau.

Le lendemain matin, j'ai accompagné ma mère à Niedersoultzbach. Nous avions douze kilomètres à parcourir aller et retour. Il faut dire qu'à cette époque-là, on marchait des heures juste pour acheter un pain. Le matin les anciens partaient chiner, ils faisaient souvent quinze à trente kilomètres à pied dans la journée et ne revenaient que le soir. On trouvait toujours quelque chose à troquer avec les paysans, des bobines de fil de coton, de la laine, des aiguilles, des lacets ou des élastiques. Même si on avait eu de l'argent, cela ne nous aurait servi à rien, car pour la plupart des aliments il fallait des tickets de rationnement. C'est ainsi qu'après cette longue marche, nous avons obtenu un peu de lard, quelques pommes de terre et du chou.

Au retour, la seule chose qui m'obsédait, c'était le froid glacial. Le vent et la neige transperçaient mon corps. J'essayais de me recroqueviller, je frictionnais mes membres, je me serrais contre ma mère, mais en vain : le froid était le plus fort. Je me sentais à la fois abattue et révoltée. Avec la vitalité de mes dix-neuf ans, je ne supportais pas l'idée d'être dominée par quoi que ce soit, même par le climat. Alors que ma mère marchait en silence, supportant sans se plaindre cette misère glaciale... Quand je la regardais, la colère montait en moi :

– De cette vie-là, moi, je n'en veux pas ! ai-je éclaté. Jamais je n'accepterai de subir tout ça sans rien dire, le froid, la faim !

Mais elle, avec sa sérénité et sa simplicités innées, m'a répondu :

– Mais quel genre de vie veux-tu ? Comment comptes-tu changer de vie, à toi toute seule ?

Je ne pouvais pas raisonner tellement le froid me tenaillait, mais je savais que je ne me résignerais jamais à supporter une vie si dure. J'étais bien décidée à en changer coûte que coûte.

# Frédéric Helmstetter

Quelques jours plus tard, ma mère m'a envoyée chercher du lait chez les plus grands fermiers du village, les Helmstetter. La maîtresse de maison, qui avait la cinquantaine, m'a accueillie fraîchement. Son fils se tenait debout, accoudé contre la rampe de l'escalier, écoutant calmement notre dispute.

– Allez donc travailler comme les autres ! disait-elle.

– Mais les gens ne peuvent pas tous être cultivateurs ! ai-je protesté. Je suis juste passée pour savoir si on pouvait venir chercher du lait ici.

Son fils ne me quittait pas du regard. J'ai pris peur et j'ai reculé vers la porte, pensant qu'il allait me jeter dehors. Mais au contraire, toujours adossé à la rampe, il a dit à sa mère :

– Pourquoi tu ne lui donnes pas de lait, puisqu'elle le paye ?

J'ai pensé : « Comme il est gentil, ce jeune homme ! »

Il m'a demandé :

– Vous vous plaisez ici ?

– Oui, beaucoup.

– Bien, alors vous pourrez venir chercher votre lait ici tous les soirs.

Je l'ai remercié en souriant.

– Je m'appelle Frédéric, a-t-il ajouté.

Il m'a suivie du regard tandis que je m'éloignais. Le lendemain, quand je suis revenue chercher le lait, il m'a dit :

– J'avais entendu parler de vous par des amis. Il paraît que vous chantez et dansez très bien. Et voilà que je vous ai rencontrée...

Par la suite, chaque fois que nous allions au bal ou au restaurant, j'y rencontrais Frédéric. quand je le voyais, j'éprouvais un mouvement de colère inexplicable. Le temps passant, à la demande d'Émilie, je suis souvent revenue à la ferme des Helmstetter pour aider à ramasser des pommes de terre, semer ou planter. Le jeune homme se confiait de plus en plus à moi. Il m'a raconté ce qu'il avait vécu dans le terrible camp de Tambov, en Union soviétique, où il avait été détenu comme prisonnier de guerre dans d'effroyables conditions sanitaires. En effet, Frédéric avait été un « Malgré-nous », incorporé de force en 1943 dans l'armée allemande, comme tous les jeunes gens d'Alsace et de Moselle après l'annexion par le Reich de ces départements français. Puis il avait été capturé par les Soviétiques et interné dans ce camp situé à quatre cents kilomètres de Moscou.

Un jour, avec une jeune Soviétique, il avait eu l'autorisation de sortir dans la forêt proche du camp afin de récolter des champignons pour les officiers. La jeune femme lui indiquait les champignons comestibles. Tout en les ramassant il en mangeait. Il pouvait enfin respirer un peu d'air frais, oublier la misère du camp, le désespoir, les travaux épuisants, la faim, la mort omniprésente, les maladies. Lui-même avait été très malade et, voyant tant de gens mourir autour de lui, il s'était soigné en mangeant du charbon de bois qu'il réduisait en poudre. Il ne pensait pas revoir un jour son village natal. Et c'est là, dans cette forêt de Tambov, qu'il avait fait le vœu, s'il rentrait chez lui, d'épouser une tzigane pour vivre libre et vagabonder toute sa vie.

Avant de me rencontrer, il en avait assez de la ferme et voulait s'engager dans l'aviation. Puis il m'a demandée en mariage. Il voulait m'emmener à Paris pour y ouvrir une confiserie. C'était un homme gentil et droit. Mais j'ai dû lui expliquer que chez les tziganes, on se mariait d'une autre façon. Lorsque deux jeunes gens s'éloignaient ensemble pour chercher du bois ou des fleurs, on ne les surveillait pas. Le jour où ils décidaient de se marier, ils disparaissaient, tout simplement. Ils restaient éloignés quelques jours, une semaine, puis ils revenaient. Leurs parents leur flanquaient alors une bonne gifle à chacun, et les noces étaient faites !

# À Paris

En 1945, je suis donc partie avec Frédéric sans rien dire à personne. Dès que nous sommes arrivés dans la capitale, il a écrit une lettre à mes parents pour qu'ils ne s'inquiètent pas, s'excusant de l'escapade et leur promettant de m'épouser et de s'occuper de moi.

Un ami de mon mari et sa femme sont venus nous accueillir à la gare. Je n'avais pas changé de tenue, j'étais habillée en tzigane et je comptais rester ainsi, avec ma jupe longue. Mais mon mari m'a acheté un tailleur et des chaussures à talons. Quand on sortait le soir, pour lui plaire je me maquillais et me coiffais comme une gadji. Avec cette jupe affreusement serrée, j'étais obligée de faire de tout petits pas. Il me semblait être prisonnière, ça me rendait malade. Tous ces immeubles, ces hôtels, ces restaurants, c'était trop ! Une fois, j'ai sauté hors du métro avant que les portes se referment, tellement je ne supportais plus d'être enfermée. Frédéric m'a retrouvée sur le quai...

À chaque clochard ou musicien de rue que je voyais, je donnais quelques pièces. Mon mari disait :

– On ne peut pas continuer à donner de l'argent à tout le monde. Il ne nous restera plus rien...

Quand il m'a parlé d'ouvrir une confiserie, j'ai refusé tout net : il était hors de question de rester à Paris. Frédéric était d'accord pour rentrer en Alsace, mais il souhaitait faire un détour pour voyager un peu. Nous nous déplacions en train et à pied. Nous sommes passés par Lyon, avons longé la frontière suisse et nous sommes arrêtés à Forbach, tout près du Luxembourg. Nous n'avions plus un centime. Mon mari a trouvé du travail comme contremaître dans les mines.

Nous hébergions deux personnes de notre connaissance. Un jour, en rentrant du marché, j'ai découvert l'appartement sens dessus dessous. Nos vêtements, les tickets de rationnement, tout ce qu'on possédait avait disparu ! Il ne restait qu'une bassine remplie d'eau sale au milieu de la pièce principale. Nos hôtes s'étaient envolés. Sous le choc, je me suis rappelé que je devais récupérer un soulier de Frédéric que j'avais donné à ressemeler. Je me suis assise devant la maison, désespérée : comment faire sans argent ? Mon mari n'avait pas encore touché son salaire, et je devais payer le cordonnier avant de reprendre sa chaussure...

Perdue dans mes pensées, j'ai vu venir de loin un petit tourbillon de poussière qui s'est arrêté juste à mes pieds. Regardant machinalement par terre, j'ai aperçu un billet de cinquante francs apporté par le vent ! Toute contente, je l'ai attrapé et je suis allée voir le cordonnier.

Le temps passait et ma famille me manquait de plus en plus. J'ai fini par dire : « Maintenant, ça suffit ! » Et j'ai demandé à mon mari d'écrire à mes parents. Un jour, alors que je ne m'y attendais pas, ils sont apparus devant moi. Je suis tombée à genoux, je me suis cramponnée à eux en criant et pleurant. Nous étions tous très émus de nous revoir, nos larmes coulaient, et c'est sans doute pour cela que je n'ai pas eu droit à la gifle traditionnelle ! Nous avons enfin pu rentrer ensemble à Wingen-sur-Moder, où vivait ma famille.

# Vivre dans une maison

Par la suite, Frédéric et moi nous nous sommes installés à Sparsbach. J'aidais ma belle-mère dans les tâches ménagères, aux champs et au jardin. Frédéric a acheté une voiture, puis une autre, jusqu'à pouvoir ouvrir une casse automobile. Il démontait les voitures et vendait les châssis aux paysans. Nous étions libres de nos mouvements, et nous avions autant d'espace que nous voulions. L'argent que nous gagnions, nous l'économisions pour voyager. Je continuais pendant nos voyages à faire des affaires, achetant et revendant des napperons, des dentelles, de la brocante, des antiquités. Mon mari a tenté plusieurs fois de m'emmener vers des destinations pour lesquelles il fallait prendre l'avion ou le bateau. Je refusais car je voulais absolument garder les pieds sur terre !

Nous avons parcouru la France entière : Sète où les femmes de pêcheurs préparaient la soupe de poissons sur la plage ; Fréjus où les vacanciers bronzaient à leur aise, tandis que de l'autre côté de la mer, en Afrique du nord, avaient lieu des massacres ; la Haute-Savoie où, ayant passé la nuit dans la voiture les portières ouvertes, j'ai été réveillée par le bourdonnement des abeilles qui butinaient une branche de pommier en fleurs, inclinée juste au-dessus de mon visage… Nous sommes allés jusqu'à Andorre, Barcelone, le mont Saint-Gothard en Suisse. Les routes à l'époque n'étaient pas aussi bien entretenues qu'aujourd'hui, surtout en montagne, et nos périples étaient parfois dangereux.

Dans les années 1960, nous nous sommes installés à Strasbourg, dans un quartier où l'on avait une belle vue sur les champs. Mais lorsque les constructions autour de nous ont pris de l'ampleur, j'ai décidé de partir. À la fin des années 1980, nous avons emménagé à Barr, sur la route des vins au pied des Vosges, où l'un de mes fils était déjà installé, et où je vis encore dans une maison avec jardin. Mes enfants n'habitent pas loin. Le seul engrais que je mets dans mon jardin, ce sont les feuilles qui tombent des arbres en automne. Tout ici est naturel, les oiseaux piaillent sans arrêt.

Pour être franche, il m'est impossible de vivre à temps plein entre quatre murs. Je sors dès que je peux, je vais rejoindre les enfants qui jouent dans la rue. Même assise au jardin, je ne me sens pas tout à fait libre. Le soleil et l'eau me suffiraient, si j'avais le choix ! Une maison, cela restera toujours une prison pour moi. Mais dès que je franchis le portail, je regarde autour de moi et je respire l'air de la liberté...

À Barr, le premier dimanche d'octobre, on fête les vendanges. Émerveillée par le défilé de chars, j'ai décidé de m'y associer. Je me suis renseignée auprès de la mairie, et l'année suivante, j'ai défilé avec un petit chariot et une poussette en osier. Le chariot était rempli de pommes, de poires, de raisins et d'un grand pain rond, et dans la poussette trônaient mes petits-enfants. C'était ma façon de rendre grâce aux bienfaits de l'automne, à la nature qui œuvre sans cesse pour nous apporter l'essentiel.

Depuis, chaque année, je participe à cette fête des vendanges avec mes enfants, mes petits-enfants, mes amis.

Tandis que jouent les musiciens, les filles tournoient avec leurs longues jupes multicolores. Tout le monde s'en donne à cœur joie... Nous défilons désormais avec une roulotte tirée par des chevaux, parée aux couleurs de l'automne. Je revis ainsi ma jeunesse, nos voyages au gré du vent, guidés par cette force invisible qui nous poussait toujours en avant. Et je savoure ces instants bénis resurgis du passé.

# Une voiture très spéciale

Nous devions enlever une voiture chez un garagiste de Diemeringen. En la découvrant, j'étais émerveillée ! Peinte en gris métallisé, une statuette ailée en métal au-dessus du radiateur, une roue de secours fixée sur le coffre, deux portières, un seul siège à l'arrière, l'intérieur entièrement tapissé de cuir bordeaux. En pressant certains boutons de commande, des compartiments à boissons s'ouvraient, les vitres montaient ou descendaient, et même, l'un de ces boutons lançait le graissage. Elle était entièrement automatique. Pas un bruit au démarrage, elle était tellement silencieuse que même en roulant vite, on avait l'impression de rester sur place. On n'entendait pas le moteur, seulement les sons naturels. Elle glissait comme un fantôme sur la route...

Nous ne l'avons pas cassée, cette voiture-là. Je suis la première femme tzigane en Alsace à avoir passé le permis, et je la conduisais souvent. Un jour que j'avais posé un panier d'œufs sur le siège avant, sans m'en rendre compte, j'ai pris un virage assez sec et j'ai dépassé les 100 km/heure. Eh bien, le panier avait à peine bougé !

À la longue je me suis lassée d'être regardée comme une bête curieuse quand j'étais au volant et nous avons vendu la voiture à quelqu'un qui, peu de temps après, a changé d'idée et nous l'a ramenée. Cette fois, on l'a cassée en ne gardant que le pare-brise, qui doit traîner encore aujourd'hui dans la cour.

Je n'ai su que beaucoup plus tard, par le maire de Diemeringen, que cette voiture avait fait l'objet d'une annonce dans le journal juste après la guerre, proposant une très forte récompense à qui la ramènerait. En effet, il s'agissait de la voiture de Hermann Goering ! Si nous l'avions su ! Dire que cette voiture avait appartenu à un haut dignitaire nazi, l'un des plus proches compagnons d'Adolf Hitler... Ceux qui l'avaient fabriquée et utilisée, se doutaient-ils qu'un jour une tzigane la conduirait ? Chaque chose a son histoire, imaginez tout ce qui peut arriver dans la vie !

# Muguet providentiel

À Strasbourg, la veille du Premier mai 1952, en me rendant à l'épicerie pour acheter du lait et des cigarettes, j'ai découvert que je n'avais pas pris assez de monnaie. Mais je n'avais guère envie de retourner sur mes pas. En chemin, une voiture s'est arrêtée à ma hauteur. Le conducteur m'a interpellée en souriant :

– Voudriez-vous faire un tour avec moi en voiture ?

Je l'ai toisé, furieuse :

– Ai-je l'air en si mauvais point, que vous m'arrêtiez en pleine rue ? Pour qui me prenez-vous ?

– Justement, c'est parce que je vois que vous êtes une personne sérieuse que je vous propose de faire un tour avec moi.

– Justement, ai-je répliqué, c'est parce que je suis une personne sérieuse que je ne monterai pas avec vous.

Il a voulu me donner de l'argent, j'ai refusé, alors il a lancé vingt francs par terre et s'est éloigné. Une fois son véhicule hors de vue, j'ai ramassé l'argent. J'ai entendu des rires qui provenaient d'un hôtel voisin, c'étaient les cuisiniers qui avaient assisté à la scène. Ils ont commenté :

– Ça, par contre, vous l'acceptez !

– Bien sûr, et pourquoi pas ? J'en ai besoin pour l'épicerie, je n'ai pas assez de monnaie sur moi !

Un des cuisiniers m'a envoyé un sandwich par la fenêtre :

– Et ça, vous le prenez aussi ?

– Certainement ! ai-je répliqué en l'attrapant au vol. Je préfère de beaucoup accepter ce sandwich, plutôt que de monter dans une voiture avec un inconnu.

Ils ont éclaté de rire.

– Ce type en voiture, a poursuivi le cuisinier, c'est un client de l'hôtel. Il aime bien faire un tour en voiture avec les jolies femmes.

– Alors, pourquoi vous ne lui envoyez pas votre femme ?

– Ah, c'est que ma femme n'est pas aussi jolie que toi !

Ensuite, les patrons de l'hôtel m'ont invitée à boire un café. Ils étaient très sympathiques. Ils m'ont expliqué que le chauffeur était un client suisse richissime, qui venait régulièrement chez eux. D'après eux, c'était un homme correct et gentil. Je leur ai dit :

– Tant mieux ! Mais moi, je ne me suis jamais laissé acheter par l'argent.

Le lendemain, Premier mai, je suis revenue au même endroit pour vendre du muguet. Une voiture est passée par là, a fait deux fois le tour et s'est arrêtée devant moi. Le conducteur m'a demandé combien il lui faudrait de brins pour remplir sa voiture de muguet.

– Aucune idée, sans doute le cageot entier ?

– Pouvez-vous compter tous vos brins de muguet ?

J'ai obéi et je lui ai dit le total.

– Bien, je vous achète tout.

Je voulais lui rendre la monnaie, mais il a refusé. Je me suis mise à rire, et il m'a demandé pourquoi.

– Parce que je suis tellement contente d'avoir vendu tous mes muguets !

C'est seulement après son départ que j'ai réalisé que c'était le Suisse de la veille.

# En prison

Un vendredi, après avoir fait ma tournée dans un village pour vendre des napperons et de la dentelle, j'ai repris le tramway pour Strasbourg. À peine y étais-je installée que des gendarmes ont fait irruption et m'ont appréhendée. Je leur ai demandé des explications, mais pas de réponse.

Ils m'ont emmenée directement en prison. Je regardais autour de moi, n'en croyant pas mes yeux. C'était tellement injuste que je suis devenue agressive. Une religieuse qui s'occupait des femmes emprisonnées a essayé de me calmer, mais j'étais indomptable. Elle m'a dit que, si je n'avais rien fait de mal, je sortirais très vite. De ma cellule, j'entendais au-dehors les gens, la vie, et ça m'angoissait, j'avais l'impression d'étouffer. Je devenais de plus en plus enragée et je n'acceptais plus rien de personne. J'ai pleuré et, quand le soir est tombé, j'ai prié pour m'endormir. Pendant cette première nuit en prison, j'ai fait un rêve.

Devant une maisonnette perdue au milieu des prés, il y avait un puits. À côté de celui-ci, une longue table sur laquelle étaient posés un savon et une brosse. Tout autour, des oies, des moutons, des poules. Je me suis approchée du puits. Un grand chien méchant a couru vers moi en aboyant, suivi de son maître. Celui-ci m'a dit que je pouvais passer, que je n'avais rien à craindre. J'ai donc continué, mais de nouveau est venu vers moi un grand chien, suivi de sa maîtresse. Celle-ci m'a dit la même chose que l'homme. C'était comme si cette maison et tout le reste m'appartenaient, comme si j'y avais habité dans une vie ancestrale.

À mon réveil je me sentais un peu soulagée, j'étais un peu plus confiante, car en pensant à mon rêve, j'y voyais un rapport avec ma détention et j'y trouvais l'espoir d'être bientôt libérée. En effet, la religieuse est venue m'annoncer la nouvelle le jour même. Les gens qui m'avaient fait emprisonner à tort avaient retiré leur plainte, ils avaient retrouvé leur argent. Je voulais sortir tout de suite, mais la sœur m'a dit que c'était impossible. C'était samedi et il fallait attendre lundi.

# CE QUE JE CROIS

# Pèlerinage à Lourdes

Depuis l'âge de douze ans, j'avais mal à un genou. J'avais consulté plusieurs médecins, mais en vain. Ma mère disait que seul un pèlerinage à Lourdes pourrait me guérir. Si bien que le jour où mon mari m'a proposé d'y aller, j'ai tout de suite accepté avec enthousiasme. En 1959, nous nous sommes donc lancés dans notre premier grand trajet en Renault 4 CV.

Je vendais en faisant du porte à porte la marchandise que j'avais emportée – chaussettes, tabliers, dentelles, napperons. C'est ainsi que nous avons financé notre voyage au fur et à mesure. En arrivant à Lourdes, j'ai immédiatement envoyé une carte postale à mes parents. Puis nous sommes descendus à la grotte. J'étais tout exaltée, après avoir tellement entendu parler de Notre-Dame de Lourdes, la grâce de la voir m'était enfin accordée !

C'est là que mes jeunes enfants m'ont dit qu'ils avaient faim. Nous sommes entrés dans une boulangerie, mais on n'y vendait pas de pain sans argent ou sans les bons d'alimentation que l'on donnait aux nécessiteux. Plusieurs magasins de suite m'ont renvoyée de cette façon. Finalement nous avons passé la nuit sur place, le ventre vide. Sur le chemin du retour, nous sommes tombés en panne d'essence en rase campagne. J'ai arrêté une voiture qui passait, et le conducteur nous a donné toute l'essence de son bidon. Je lui ai proposé des marchandises en échange, puisque nous n'avions plus un sou, mais il a refusé.

Nous avons continué notre route, et nous avons dépassé un restaurant qui proposait de la bière d'Alsace. Tout de suite après nous sommes retombés en panne d'essence. Nous avons passé la nuit dans la 4 CV, et le lendemain je suis entrée dans le restaurant. J'ai commandé une bière au garçon qui balayait. Puis la patronne est arrivée, nous avons commencé à parler alsacien, et elle s'est assise pour boire en ma compagnie. Elle était originaire de Schiltigheim. Puis elle m'a acheté pour 400 francs de tabliers. Nous étions tirés d'affaire ! Je l'ai observée attentivement et je lui ai dit :

– Je vois que vous vous inquiétez énormément pour quelqu'un.

– Oui, a-t-elle dit, pour mon enfant que j'ai laissé avec mon mari à l'étranger quand je me suis enfuie de chez nous. Je ne l'abandonnerai jamais.

La remerciant, j'ai rejoint mon mari et nous avons pu rentrer chez nous sans encombre. Frédéric disait que plus jamais il ne voyagerait sans argent... Depuis j'ai souvent pensé à cette femme : qu'est-elle devenue ?

À notre troisième pèlerinage à Lourdes, j'ai frotté mon genou avec de l'eau bénite. Puis j'ai regardé les malades et les invalides autour de moi, le cœur plein de compassion. Oubliant ma propre douleur, j'ai prié : « Sainte Vierge, si ce mal sans gravité doit persister, tant pis, aidez plutôt ces pauvres gens. »

Nous sommes repartis. Alors que nous étions à environ cent kilomètres de Lourdes, ma vieille douleur au genou a définitivement disparu.

Des années plus tard, mon fils aîné qui devait m'accompagner à Lourdes avec sa famille avait décidé de voyager de nuit, quand le trafic serait moins dense. En effet sa voiture calait souvent, et pour redémarrer il fallait la pousser. Nous étions déjà sur place mon mari, ma fille et moi, j'écoutais la radio tout en préparant le repas. Soudain, on a annoncé un accident : deux personnes avaient été renversées par un camion alors qu'elles poussaient leur voiture. Tout coïncidait, la marque du véhicule, la route... J'ai senti mes forces m'abandonner. Avec ma fille, je me suis précipitée vers la grotte pour y implorer la Sainte Vierge d'épargner la vie des miens. Fixant la Vierge, je lui ai dit : « Si tu existes, alors prouve-le-moi maintenant ! » Au bout d'un moment, j'ai senti un souffle m'envelopper, et j'ai distingué une couronne ornée de flammèches sur sa tête. Autour de moi le silence était total. Je me suis sentie un peu rassérénée et nous sommes sorties. Comme nous fendions à contre-courant la foule des pèlerins, un homme m'a barré le passage et m'a bousculée. Je n'ai pas répliqué. Alors une femme s'est adressée à moi : « Ne vous en faites pas, vous avez mérité la couronne de la Vierge. » Une demi-heure plus tard, mon fils nous a rejoints...

Je suis croyante, mais pas très pratiquante. Contempler la lune, le soleil et toute cette beauté qui nous entoure, voilà mes prières.

# Notre-Dame des Bois

Je passais souvent rendre visite à ma marraine, qui habitait Weinbourg. Un jour elle m'a dit qu'elle désirait depuis longtemps acheter une statue de la Sainte Vierge. Je lui ai confié qu'en ce qui me concernait, j'aimerais plutôt une statue ancienne, devant laquelle beaucoup de gens ont déjà prié.

Le lendemain j'ai fait un rêve. Je descendais un pré en courant, tout à coup j'apercevais une chapelle. Je m'approchais, à l'entrée de celle-ci se trouvait la statue de saint Joseph. Devant lui, sur une pierre rectangulaire, était posé un petit cercueil. En hâte, je soulevais le couvercle. L'intérieur contenait plusieurs statuettes. Je refermais rapidement le cercueil et je m'éloignais.

Le jour suivant, je suis retournée chez ma marraine et lui ai raconté mon rêve. Elle pensait qu'il signifiait quelque chose, mais elle ignorait quoi. Je l'ai aussi raconté à ma mère, qui m'a conseillé d'aller à l'église brûler des cierges et prier. Ce rêve s'est répété plusieurs fois. Puis dans un autre rêve, la Vierge me demandait de lui acheter une pèlerine. Ma marraine a décidé :

– Je t'accompagne, on va chercher une Vierge à qui offrir une robe.

Nous avons visité plusieurs paroisses, demandant aux prêtres si l'on pouvait offrir une robe à la Vierge de leur église. Nous nous heurtions à des refus.

Enfin, dans un dernier rêve, j'ai vu une maisonnette qui abritait une Vierge. Je lui ai demandé de l'aide, mais elle a refusé d'un signe de tête. Je l'ai suppliée, alors d'un geste de la main elle a indiqué une direction, disant :

– Je n'ai pas besoin de t'aider, car tu sais où aller.

J'ai suivi la direction indiquée et là, le long d'un mur tout blanc, s'alignaient plusieurs statues. Le lendemain, j'ai à nouveau raconté ce rêve à ma mère et à ma marraine.

Un jour que j'étais partie chiner avec la 4 CV, je me suis arrêtée devant une maison en bois à Mackwiller. À trois reprises, j'ai hésité à y entrer, et finalement je me suis dit : « Allez, j'y vais. » J'ai toqué à la porte et j'ai salué à la cantonade. Une paysanne assez âgée est venue à ma rencontre, portant à bout de bras deux seaux de pommes de terre :

– Je n'ai besoin de rien aujourd'hui, a-t-elle dit.

Elle est entrée dans une autre pièce pour y déposer les seaux, je me trouvais juste devant la porte et je l'ai suivie des yeux. À ma stupéfaction, j'ai remarqué un mur blanc et des statues en terre cuite peinte. C'était saint Joseph avec deux anges...

– À qui appartiennent ces statues ? ai-je demandé.

– À personne. Allez chez le curé, qu'il vous les donne. Elles m'encombrent, je voudrais en être débarrassée.

Le curé n'habitait pas loin, j'ai couru chez lui. Il était dans son jardin. Il a tout de suite accédé à ma demande, et a écrit un message pour que la vieille dame me les remette. Par chance, je n'avais pas de siège à l'arrière de la voiture, et j'ai pu les embarquer sur le champ.

Je suis allée directement chez ma marraine pour lui montrer les statues. Elle était si émue que les larmes coulaient sur son visage. Elle s'est écriée :

– Oh, quelle chance tu as, Pisla ! Tu as un vrai don de Dieu.

Ensuite je les ai montrées à ma mère, qui à son tour s'est réjouie de cette trouvaille.

À l'orée du bois de Wingen-sur-Moder, j'avais découvert un coin qui me plaisait particulièrement, et j'y avais planté un sapin. J'ai dit à ma mère :

– Je voudrais construire une petite chapelle à cet endroit.

– Mais tu n'as pas de Vierge pour l'y mettre ! Nous sommes catholiques et il en faudrait une.

La nuit même, j'ai rêvé qu'une femme me disait :

– Venez me voir ! J'ai aussi la Vierge.

Tous les rêves que je faisais étaient liés au village de Mackwiller. Le lendemain je l'ai raconté à toute ma famille. J'ai dit à ma sœur :

– Accompagne-moi à Mackwiller.

Sur place, nous avons demandé où se trouvait la dame qui s'occupait de l'église. J'ai été voir cette femme :

– Madame, je suis déjà passée hier et le curé m'a donné des statues...

Je n'avais pas terminé ma phrase qu'elle a enchaîné :

– Ah, c'est vous ? J'ai aussi la Vierge. Elle est dans la grange, vous pouvez la prendre.

Ma sœur et moi, nous nous sommes précipitées. La tête de la Vierge émergeait du tas de bois. Stupéfaites, nous nous sommes mises à débarrasser le bois. La Sainte Vierge avait un si beau visage, on aurait cru qu'elle pleurait. Un morceau de sa couronne manquait. Elle était magnifique... Quand elle l'a vue, ma marraine a encore fondu en larmes !

Mes parents sont allés à la scierie chercher des matériaux ; mon beau-frère et toute la famille, ainsi que bien d'autres qui ne sont plus, m'ont aidée à construire la chapelle. Elle était toute petite, faite d'écorce de bois. Comme on avait trouvé la statue de la Vierge enfouie sous du bois, j'ai décidé de l'appeler « Notre-Dame des Bois ». À plusieurs reprises, la chapelle a été agrandie et consolidée. Je me faisais beaucoup de souci pour elle. Plus tard, mon fils aîné à son tour y a entrepris de gros travaux.

Un jour, deux hommes sont venus m'interroger pour le compte de l'Inventaire du patrimoine :

– Pourquoi avez-vous bâti cette chapelle ?

– Peut-être est-ce Dieu qui l'a voulu, ai-je répondu. Les gens de la région ont toujours été très gentils avec les tziganes qui y vivent depuis longtemps. Aussi fallait-il qu'il reste quelque chose en mémoire des tziganes.

Le tout premier pèlerinage à Wingen-sur-Moder a été célébré dans les années 1960 avec le père Irénée. Il avait toujours grand plaisir à le faire, et nous aussi étions contents de l'avoir parmi nous. Quand on faisait une quête pour lui, il la refusait. C'était un homme humble et généreux. La seule chose qu'il acceptait, c'était les légumes frais que je lui apportais à Strasbourg, jamais d'argent. Quelque temps avant sa mort, je lui ai rendu visite au couvent où il s'était retiré. Je lui ai apporté un panier garni de fruits et une tarte pour le remercier de tout ce qu'il avait fait pour les tziganes. Il m'a dit qu'il n'y toucherait pas avant que les autres religieux ne l'aient vu. Je n'oublierai jamais le père Irénée, avec sa pipe...

Nous faisons régulièrement des pèlerinages à ma petite chapelle. Mon plus grand désir, c'est que, le jour où je ne serai plus là, « Notre-Dame des Bois » vienne en aide à ceux qui en ont besoin.

Notre-Dame des Bois, la chapelle construite par la famille de Louise à Wingen-sur-Moder.

# Le vent de la Camargue

Mes grands-parents, bien avant la Première Guerre mondiale, ont été les premiers tziganes d'Alsace à partir en roulotte vers le sud. Mon grand-père, qui n'avait peur de rien, tentait de retrouver des membres de sa famille qui s'étaient établis en Espagne.

En mai 1960, ma famille et moi, nous y sommes allés pour la première fois en voiture. En ce temps-là, beaucoup de tziganes voyageaient encore avec une roulotte et des chevaux – de les voir me rappelait mon enfance. Là-bas, un vieux tzigane m'a raconté la légende de Sara la noire, notre grande sainte protectrice qu'on porte vers la mer au cours de la procession. Jour et nuit, on entendait la musique et les chants dans les restaurants et autour de l'église. Des centaines d'hirondelles voltigeaient au-dessus du clocher, annonçant l'arrivée des beaux jours. La nuit, à perte de vue sur la plage, les feux tziganes se multipliaient. À l'ardeur des braises se mêlait l'ardeur des chants, ainsi que le doux murmure du vent et de la mer. Tout était si naturel et si beau que je me suis promis de revenir chaque année. Et c'est ce que j'ai fait.

Puisque le Ciel m'a donné la chance de prendre la route des Saintes-Maries-de-la-Mer de la même manière que mes ancêtres, en chemin je garde à l'esprit toute leur histoire, je revisite toute leur vie. Je mets mes pas dans les leurs, et je m'efforce de retrouver chacune des pensées et des sensations qu'ils ont pu avoir.

Quel mal ils se sont donné pour gagner l'argent nécessaire au voyage ! Ils jouaient de la musique, tressaient des paniers, les femmes lisaient l'avenir dans les lignes de la main. Oh ! ils ne possédaient presque rien, mais malgré leur pauvreté, ils poursuivaient leur longue route. Rien n'aurait pu les retenir.

Parfois le mistral soufflait si fort que le cheval avait peine à avancer. Alors les hommes le tiraient par la bride, femmes et enfants poussaient la roulotte, et en avant ! Le mistral leur jetait au visage les odeurs de la Camargue, chargées de terre, d'eau et du parfum des fleurs sauvages. Ces odeurs pures qui sont l'essence même de la Camargue, à nulle autre pareilles.

Le mistral soufflait fort, ça leur faisait tourner la tête, ils se regardaient et riaient, laissant éclater leur joie. Leur cœur était rempli d'un formidable amour. Ils sentaient la puissance de ce grand vent venu du ciel et de la terre. Ils respiraient l'air de la liberté. En symbiose avec l'univers, dans leur corps et leur esprit ils éprouvaient des choses qu'ils n'auraient pu raconter à personne. Aujourd'hui, je regrette que le lien du tzigane avec la nature soit en train de s'effacer.

# Les Saintes-Maries-de-la-Mer

En mai 1961, quelques jours avant notre départ pour la Camargue, je suis passée par Hilsenheim. Je suis entrée dans un commerce tenu par une belle femme, gaie et souriante. Je lui ai proposé ma dentelle, mais elle préférait que je lui lise les lignes de la main, promettant de me payer si je découvrais la vérité. J'ai accepté.

– Vous aimez votre mari ? ai-je demandé.

– Oui, je l'aime.

– Je vois que vous êtes une femme heureuse, et pourtant vous recherchez le malheur. Vous avez un amant, mais cet homme non plus n'est pas libre. Si vous ne le quittez pas, toute votre vie vous vous rappellerez mes paroles. Vous avez des enfants ?

– Oui.

Je lui ai lancé un regard noir.

– Votre mari est gentil et fidèle. Il travaille dur. Vous êtes belle, en bonne santé, mère de famille. Et malgré tout ça, vous recherchez le malheur. Ne savez-vous pas que le plus grand malheur est celui qu'on recherche soi-même ? Une fois que vous l'aurez trouvé, vous ne pourrez plus vous en débarrasser. Maintenant, je vais vous dire la vérité : laissez tomber votre amant qui est marié, sinon vous gâcherez l'existence de deux familles, et le malheur vous accablera.

Si vous m'écoutez au contraire, vous serez heureuse avec votre mari et vos enfants toute votre vie.

La commerçante n'en revenait pas d'étonnement. Elle a répondu en pleurant :

– Comment pouvez-vous savoir tout cela ? Ce n'est pas possible !

– Vous savez, il suffit que je regarde quelqu'un pour tout savoir sur cette personne.

Elle m'a donné trois cents francs, ce qui représentait beaucoup pour moi. Puis elle a apporté une paire de chaussures neuves à talons qui étaient juste à ma pointure.

– Pourquoi me donnez-vous des chaussures neuves ? ai-je demandé.

– Comme ça, j'en serai débarrassée !

J'ai alors compris que c'était un cadeau de son amant.

– Je vous promets de suivre vos conseils, a-t-elle repris tandis que je sortais. Je me sens déjà un peu soulagée. Vous serez toujours la bienvenue chez moi. Merci encore, et surtout, ne parlez pas de moi au village !

– Vous savez, si je peux, j'essaye toujours d'empêcher la destruction d'une famille, car il n'y a rien de plus beau qu'une famille heureuse.

Chaque fois que je portais ces chaussures, je repensais à cette histoire.

Le 20 mai, après avoir attaché nos valises sur le toit de la 4 CV, nous sommes partis vers le sud, accompagnés par une famille. Chaque année, nous emmenions une autre famille pour lui faire découvrir le grand rassemblement tzigane. Après Arles, le magnifique paysage qui défilait m'a enthousiasmée. Les chevaux, les taureaux, les arbres, les roseaux, les rizières, les étangs où dansaient les flamants roses, tout cela était si beau que je n'arrêtais pas de prier mon mari :

– Arrête-toi un peu, que je prenne l'air !

– Non, pas maintenant ! Si tu veux prendre l'air, baisse la vitre.

J'étais tellement subjuguée par le spectacle qu'un peu plus loin, je n'ai pu m'empêcher de redemander :

– Arrête-toi, arrête-toi donc ! Je suis trop excitée, et puis, regarde comme c'est beau !

Frédéric s'est mis en colère. Il a freiné si brusquement que nous avons failli nous cogner la tête au pare-brise. Il a tenté de me retenir mais, plus rapide que lui, j'ai sauté hors de la voiture en perdant une chaussure. Furieux, mon mari m'a poursuivie autour de la voiture. Voyant qu'il ne pourrait pas m'attraper, il a ramassé ma chaussure et l'a jetée par-dessus un talus.

Tournant sur moi-même, dansant avec le vent, je me suis dirigée en riant vers le talus pour récupérer ma chaussure. Arrivée au sommet, je suis restée pétrifiée devant la vue qui s'offrait à moi : un champ de seigle, la pointe des épis noirs, parsemé de bleuets et de coquelicots, sous un beau ciel bleu ponctué de petits nuages blancs et ronds qui, poussés par la brise, faisaient courir leur ombre sur le sol. Le champ tout entier se mouvait et bruissait sous la caresse du vent, ondulait en vaguelettes...

Je n'ai pas eu le cœur d'y descendre et de piétiner toute cette beauté. J'ai donc abandonné mon soulier. Décidément, il m'arrivait beaucoup de choses avec mes chaussures ! En arrivant aux Saintes-Maries, j'en ai acheté une nouvelle paire.

Le cortège des gardians aux Saintes-Maries.
L'un des chevaux reconnaissait Louise chaque année.
Dessin de Sébastien Kuntz.

# Fête des gardians et des Arlésiennes

Au fil des ans, je retrouvais aux Saintes-Maries les mêmes gardians sur leurs montures, avec leurs grands chapeaux, leurs chemises à fleurs provençales, brandissant leurs tridents. Ils escortaient le pèlerinage de Sara en compagnie des Arlésiennes en tenue traditionnelle, parées de dentelles et d'une belle coiffe. Certes, je ne priais pas beaucoup, mais le cœur y était.

Un jour que le cortège s'était arrêté un moment, je me suis mise à contempler un cheval qui se trouvait à côté de moi. En pensée je lui parlais, comme si j'attendais une réponse de sa part. À ce moment-là il a tourné vers moi sa tête baissée à la longue crinière. J'avais l'impression qu'il me reconnaissait et qu'il devinait tout l'amour qui m'habitait. Je me sentais plus proche de lui que de certains humains. Le gardian qui le montait m'a saluée d'un signe de tête. C'est alors que j'ai compris que je devais faire quelque chose pour ces gens merveilleux qui prenaient de l'âge à chacune de mes visites. Je voulais les rencontrer un par un et leur serrer la main pour les remercier de ce qu'ils faisaient pour les tziganes.

Au pèlerinage des Saintes-Maries-de-la-Mer.
Ci-dessus, dans les années 1980 : Louise est deuxième à gauche.
Ci-contre : en haut, dans les années 1970, Frédéric, le fils aîné de Louise, est au premier plan ; en bas, Louise a planté sa tente au bord de la mer.

Rentrée chez moi, j'ai repris mes occupations habituelles, la brocante pour gagner quelque chose bien sûr, mais surtout pour l'histoire enfouie en chaque objet ou meuble ancien. J'allais faire les vendanges à l'automne pour profiter de la nature, les couleurs chatoyantes des feuillages me réchauffaient le cœur. Ainsi, je mettais régulièrement un peu d'argent de côté pour pouvoir donner une fête en l'honneur des gardians, des Arlésiennes et de tous ceux qui participaient à l'organisation du pèlerinage.

Au mois de mai suivant, j'ai emporté aux Saintes-Maries des pains d'épices, de grands kougelhopfs et du vin d'Alsace. J'ai fait part de mes intentions aux deux curés, Claude et Jannick, qui se sont arrangés pour que je dispose d'une cour sur place, et m'ont aidée à organiser la fête qui devait avoir lieu après la procession. Les gardians sont arrivés, ont attaché leurs chevaux à la grille. Tous se sont installés autour de la table, gardians, Arlésiennes, curés, bonnes sœurs, gendarmes. Claude a prononcé un discours expliquant pourquoi j'avais voulu leur rendre hommage. Tout le monde a applaudi. J'étais folle de joie et j'ai promis que je referais une fête semblable chaque année.

Après la montée des châsses le 25 mai, je prenais les deux bouquets de roses qui y étaient accrochés et je distribuais à chaque gardian et à chaque Arlésienne une rose bénite qu'ils conservaient jusqu'à l'année suivante. Les hirondelles tournoyaient, le vent apportait les parfums subtils de la mer et de la terre de Camargue. Tout était si magique qu'il me semblait avoir été transportée dans un autre monde.

Un jour que je me promenais seule au bord de la mer, un homme d'apparence distinguée s'est approché de moi et m'a dit :

– Pardon Madame, ceci est pour vous, car vous le méritez.

Il tenait un collier à la main, qu'il a passé autour de mon cou. Je l'ai regardé, intriguée :

– Comment ça Monsieur, qu'est-ce que c'est ?

En souriant, il m'a expliqué que c'était une copie d'un médaillon trouvé, lors de fouilles archéologiques, dans la plus ancienne tombe indienne. Le mort le tenait entre ses mains. Dessus figurait le plus ancien symbole indien, un grain de blé ceint d'un serpent.

– Mais en quoi suis-je censée mériter cela ? ai-je demandé en riant.

– Parce que vous le méritez, a-t-il répliqué.

Et il a poursuivi son chemin, me laissant stupéfaite, car je ne l'avais jamais vu auparavant...

Quelques années plus tard, Marcel Poulain, l'un des gardians qui m'avait offert, à l'occasion de la fête, un bouquet de laurier et d'olivier bénit exprès à mon intention, a quitté ce monde. Sa femme Mireille m'a invitée à participer à la grande fête qu'elle donnait dans sa cour. Un jeune gardian est arrivé à cheval, portant un trident sur l'épaule. Il est descendu et m'a tendu le trident. C'était celui du vieux gardian, qui ne s'en était jamais séparé. Je l'ai reçu avec émotion. Depuis ce jour, je ne l'ai jamais nettoyé, pour conserver les empreintes et la mémoire de celui qui l'utilisait – un homme très bon.

Un jour, j'ai rencontré près de l'église un écrivain camarguais qui me cherchait pour s'excuser de ne pouvoir venir à ma fête, car il devait participer à une course de taureaux. Pour se faire pardonner, il m'a tendu un panier rempli de cerises de son jardin qu'il venait de cueillir lui-même. Dans le panier étaient superposés délicatement des rameaux dont les feuilles fraîches laissaient apparaître le rouge luisant des cerises. J'étais absolument ravie par ce cadeau. Comment cet homme avait-il deviné ce qui me ferait le plus plaisir au monde? me demandais-je en le remerciant. Nul besoin de choses extraordinaires pour se sentir comblé...

## *Prière à la mer*

Bonjour, la mer !
Bonjour, source immense !
Dans le creux de mes mains,
    je contemple ce grand mystère.
Et je pense aux premiers temps de la terre
    où tu recouvrais tout, d'un bout à l'autre
    du monde.
En te retirant tu as laissé derrière toi tant de choses,
    arbres, plantes, collines, prairies, et les hommes.
Mais eux, les hommes, te veulent du mal.
Tout ce qu'ils jettent en toi, tu n'en veux pas,
    et tu le rejettes à ton tour.
Malgré tout le mal que tu reçois,
    tu ne veux pas peiner ton jardin.
Et de tout ton souffle, tu lances l'écume vers le ciel,
    et le vent l'emporte au loin pour donner vie
    à ce beau jardin que tu as laissé derrière toi.

Toi la plus grande force qui puisse exister,
si tu le voulais, ce beau jardin,
il te serait facile de le recouvrir, de l'anéantir.
Tu vois, nous t'offrons toutes ces fleurs,
qu'elles te disent notre immense respect,
qu'elles te remercient pour ce combat
que tu mènes chaque jour
avec ton fidèle compagnon, le soleil,
ce combat incessant pour garder ta pureté !
Que nos fleurs te rendent grâce pour avoir un beau
jour guidé les Saintes jusqu'à nous.
Nous, tziganes, qui comprenons ton mystère,
nous qui savons que tu portes notre vie,
nous, tziganes, te demandons pardon
pour tous ceux qui ne prennent pas le temps
de comprendre ce que tu es.
Pardon au nom de tous ceux qui te font du mal,
pardonne-leur, ô Mer,
pardonne-leur, source immense,
ils ne savent pas que leur propre vie,
que tout notre avenir est lié à toi.

*Poème de Louise Helmstetter,*
*traduit du romani en français par sa fille Marie*

# Notre musique, c'est la nature

Notre musique à nous, tziganes, c'est la nature. Nous créons des mélodies comme les branches poussent sur les arbres, comme sifflent le merle ou l'alouette. Mon père était violoniste et mon frère, guitariste. Moi, je chantais dans toutes les langues, romani, allemand, français, alsacien. J'ai appris ces chansons dans ma famille et je comprends ce qu'elles racontent. De même pour la danse, j'ai grandi avec elle. Quand on sent la musique, on peut tout danser – par exemple, la csardas ou les claquettes ! Danser, chanter, c'est une façon naturelle de vivre, de s'exprimer.

La musique tzigane a toujours été particulièrement expressive, c'est pourquoi elle aide les êtres à oublier leurs tourments et allège les moments difficiles de leur existence. Aujourd'hui encore, la musique me guérit de tous les maux. Quand je suis assise toute seule dans mon jardin et que je songe à autrefois, beaucoup de souvenirs me passent par la tête, et la lassitude m'envahit doucement. J'ai l'impression que mon corps s'engourdit, que mes veines se dilatent.

Et voilà qu'un de mes petits-fils se met à jouer de la guitare dans sa chambre, là-haut. D'un coup, je sors de ma mélancolie. Le sang se remet à circuler dans mes veines et je me sens renaître. Oui, la musique est excellente pour la santé ! En un clin d'œil, elle vous entraîne ailleurs, dans un univers empli de joie, d'apaisement.

Lorsque mon père a quitté ce monde, que cela vous choque ou non, sachez que j'ai dansé. D'habitude, quand meurt un tzigane, on brûle ses habits. Certains même brûlent sa roulotte et tout ce qui lui appartient, de façon à ce que plus rien ne puisse évoquer le disparu. Il n'y a pas d'héritage chez les tziganes. Nous veillons le mort pendant trois jours, sans organiser de repas spécial ni de cérémonie de funérailles. Ensuite, on s'abstient simplement de prononcer son nom.

Moi, quand viendra mon tour de partir, j'aimerais qu'on danse ! Lorsque mon père est mort, mon mari a allumé la radio. On diffusait une valse de Johann Strauss que mon père adorait. Chez nous, les anciens prétendaient qu'en réalité, Strauss était un tzigane, mais qui s'en cachait... Toujours est-il que j'ai valsé avec un balai, et croyez-moi, je suis sûre que mon père aurait été content de me voir.

# Retour au pays de mes ancêtres

Ma mère me parlait souvent de Vienne, des événements du temps de l'empereur d'Autriche-Hongrie et du Kaiser d'Allemagne, de Sissi impératrice. Ces histoires lui avaient été transmises par ses propres parents et grands-parents. Je l'écoutais toujours avec intérêt, fascinée par ces récits. À Vienne, les tziganes avaient remporté le premier prix lors d'un festival de musique, et l'empereur en personne leur avait remis une couronne de fleurs. Beaucoup de tziganes avaient quitté la Hongrie pour l'Autriche. Mon père, de son côté, se plaisait à évoquer la célèbre valse de Strauss, *Le beau Danube bleu*, le nombre de strophes et le rythme de cette mélodie.

Si bien que je désirais vivement visiter Vienne et Budapest. J'ai pu réaliser ce rêve avec mon mari et nos enfants encore petits. Dans les années 1960 nous sommes allés à Vienne, et j'ai enfin pu voir de mes yeux le beau Danube bleu ! J'ai demandé à Frédéric de s'arrêter. J'ai marché le long de la rive et, constatant que les flots coulaient à la cadence de la valse de Strauss, je me suis mise à chanter la mélodie et à valser en rythme. Mon mari me suivait en voiture, puis il s'est garé un peu plus loin jusqu'à ce que je le rejoigne. Il m'a dit de monter, mais je continuais à chanter, danser et contempler les ondulations du fleuve qui tantôt accéléraient, tantôt ralentissaient. Tout absorbée, j'essayais de m'imaginer ce que pensait et sentait Strauss lorsqu'il était face au Danube...

À Vienne, nous nous sommes promenés dans le parc où se trouvent les statues en bronze des grands compositeurs. Je les ai regardés chacun, rêvant à leur vie. Un peu plus loin, dans un parc immense, j'ai entendu jouer de la musique. Je me suis dirigée vers ces sons attirants. Par les fenêtres ouvertes d'une grande bâtisse, on apercevait des danseuses. Tambourin à la main, elles dansaient sur un rythme qui m'a emportée dans une autre époque. Je ressentais dans tout mon être la vie de nos aïeux.

Dans le château de Schönbrunn, j'ai admiré toutes les merveilles. Malgré tant de richesses, je devinais les peines et les contraintes de ceux qui y avaient demeuré. Je n'aurais jamais pu vivre leur vie, car cela me semblait une prison dorée. Après avoir visité le château, nous sommes entrés à l'Opéra par la porte de derrière. Ce jour-là, il y avait une répétition d'orchestre. Les musiciens nous ont jeté un coup d'œil, et ont continué à jouer l'Ave Maria de Gounod. Nous les écoutions en silence, debout. Des gens aisés sont entrés après nous, aussitôt le premier violon s'est dirigé vers eux, les priant de sortir. Voyant cela, j'ai voulu partir aussi avec les enfants, mais il est venu vers moi et m'a proposé de m'asseoir. L'une des femmes renvoyée m'a dévisagée d'un air envieux. Nous sommes restés jusqu'à la fin du morceau. Je les ai remerciés d'un geste de la main, les musiciens ont souri et m'ont saluée en hochant la tête. En redescendant les escaliers, j'étais tout émue et heureuse. Un souvenir inoubliable! Tous les gens que je croisais, surtout les musiciens, étaient aimables avec moi. Mon rêve était réalisé, j'avais vu la ville de Vienne...

Je me réjouissais de découvrir la Hongrie et ses paysages. Après avoir roulé un certain temps, j'ai vu au loin quelque chose qui m'a troublée. J'ai demandé à Frédéric de s'arrêter. Je suis sortie de la voiture et me suis dirigée vers l'endroit. Elle était là, la maison que j'avais vue en rêve pendant ma première nuit en prison, quelques années auparavant. Rien ne manquait! Je n'en revenais pas. Le puits, la table avec le savon et la brosse, les moutons, les oies, les poules, les chiens qui me coupaient le passage, tout était absolument fidèle à mon rêve. J'étais clouée sur place. C'était comme si j'avais déjà vécu là, et que tout ce que je voyais m'avait appartenu. C'était incroyable, et pourtant c'était vrai. Encore aujourd'hui, je repense souvent à ce rêve et à cet endroit. Je crois qu'une même personne vit éternellement, mais se réincarne dans des lieux et des existences différentes.

Longtemps après, je suis retournée plusieurs fois en Hongrie. Je m'y sentais tout à fait chez moi. Par exemple, avec un violoniste, je commençais à chanter n'importe quel air en n'importe quelle langue, et il continuait, ou bien l'inverse. Nous connaissions le même répertoire ! Une autre fois, j'ai dansé la csardas et les tziganes hongrois frappaient en rythme sur des pots. Mais ce qui m'a beaucoup attristée, c'est la misère dans laquelle ils vivent. Dans un village très pauvre, à la fin des années 1980, devant leurs cabanes aux murs nus et sans le moindre mobilier, on avait la gorge serrée. Mon fils a réuni un peu d'argent, nous leur avons donné des vêtements, de petits cadeaux pour les enfants. Pour nous accueillir, ils ont tressé des rubans dans la crinière de leurs chevaux. Nous avions l'impression d'être riches à côté d'eux.

# Les chanteurs de rue

Les chanteurs de rue m'ont toujours fascinée. Pendant la guerre, j'ai eu la chance d'en voir beaucoup à Lyon. Dès que j'apprenais qu'ils étaient quelque part, je me débrouillais pour m'y rendre. Ils portaient un foulard autour du cou, une casquette posée de guingois, et affichaient une expression joyeuse et satisfaite. Devant eux était posée à terre une petite valise ouverte, ils en sortaient des partitions et les distribuaient aux gens tout en chantant. Certains passaient leur chemin, d'autres se regroupaient et, dès que les artistes entonnaient une rengaine, la reprenaient en chœur.

Ne sachant ni lire ni écrire, je me contentais de les regarder et de les écouter. Leur simplicité, leur naturel me plaisaient. Je les trouvais beaux et généreux. Dès qu'ils m'apercevaient, ils partageaient avec moi leur joie de vivre. Ils m'offraient toujours une de leurs partitions. Quand j'avais cette feuille entre les mains, je regrettais vraiment d'être incapable de déchiffrer les vers. Bien sûr, je fredonnais la mélodie, mais sans les paroles. J'éprouvais une sorte de colère envers moi-même, car je me sentais freinée dans l'élan qui m'entraînait vers les chanteurs. Mais la seule chose qu'on pouvait échanger, c'était des regards complices.

Si seulement j'avais conservé ces feuilles volantes, quel trésor de souvenirs ce serait pour moi ! Je me demande parfois ce qu'ils sont devenus, ces merveilleux artistes. Les moments précieux partagés avec eux vivent encore en moi. Un soir, à la radio, j'ai entendu la musique d'un carrousel et la rumeur qui l'entourait. J'avais l'impression de revivre un moment du passé. C'était comme si je me retrouvais au milieu de tous ces gens qui marchaient, parlaient, riaient, chantaient et criaient. Tout cela m'était si familier que l'émotion et la nostalgie m'ont envahie.

Moi qui ne montre jamais ma tristesse ou mon chagrin, qui essaye plutôt de remonter le moral aux autres, il suffit que j'entende les premières mesures de *Mon amant de Saint-Jean* pour avoir envie de pleurer...

# Yehudi Menuhin

Un jour, je suis tombée par hasard sur une émission musicale à la télévision allemande. Le programme était consacré à un grand violoniste qui fêtait son anniversaire. Après avoir reçu divers hommages, il a pris la parole, a remercié tout le monde, et a prononcé cette phrase qui m'a vivement frappée :

– Je souhaite du fond du cœur que les tziganes répandent leur musique à travers le monde.

J'en avais des frissons. Intriguée, je me suis renseignée à son sujet : c'était Yehudi Menuhin. Je me suis procuré son adresse et lui ai écrit à Bruxelles, lui faisant part de mes impressions. Et j'ai même trouvé l'audace de l'inviter chez nous, à Barr, s'il passait dans la région. La réponse ne s'est pas fait attendre : il m'a écrit qu'il acceptait mon invitation, et qu'il espérait que nous ferions un vrai feu tzigane !

Lorsque Yehudi Menuhin est venu donner un concert à Strasbourg en 1995, il nous a invités. Nous étions enthousiasmés par la musique de ce grand maître. Ensuite, nous sommes vite rentrés à Barr pour l'attendre, impatients. Dans la cour, nous avons préparé des tables, disposé des fleurs partout, allumé un grand feu de ceps de vigne. Autour du feu attendaient des musiciens, ainsi qu'un groupe de danseurs et de chanteurs venus de Hongrie où nous les avions rencontrés,

Avec Yehudi Menuhin en 1995 à Barr.

La même année, à Bruxelles, avec Yehudi Menuhin (à gauche),
le musicien indien Ravi Shankar et l'épouse de celui-ci.
Louise a pu parler avec elle en romani, la langue emportée
du nord-ouest de l'Inde par les tziganes.

de passage à Strasbourg pour donner un spectacle. J'avais cueilli un beau bouquet de coquelicots. À son arrivée, j'ai fait signe aux musiciens qui ont aussitôt commencé à jouer. En franchissant le portail, Yehudi Menuhin a levé les bras en souriant, ravi de notre accueil. Je lui ai remis mon bouquet et il m'a remerciée en m'embrassant chaleureusement.

La soirée a été très belle. Debout près du feu, je lui ai dit combien son concert m'avait plu, en particulier le dernier morceau. Il m'a confié que c'était lui qui l'avait composé. Lorsque les musiciens ont attaqué un air hongrois, je l'ai invité à danser autour du feu. J'étais tellement émue de sentir les mains fines de ce grand maître posées sur moi que je riais de bonheur.

Plus tard, il m'a raconté qu'à la fin de la guerre, lorsque le camp de concentration où il était interné en tant que Juif avait été libéré, une petite fille tzigane l'avait abordé, tirant sur son pantalon et insistant pour qu'il l'emmène avec lui. Mais comme lui-même n'avait nulle part où aller, il avait dû refuser.

– Si vous saviez comme je regrette, a-t-il dit. Je repense toujours à cette petite fille. Mais aujourd'hui du moins, j'ai accepté de suivre une tzigane !

Il est resté plongé dans ses pensées un moment. Alors je lui ai dit :

– Vous savez, je vous ai invité à cause de cette belle phrase que vous avez dite à la télévision sur la musique des tziganes, qui m'a tellement touchée...

La soirée touchant à sa fin, Yehudi Menuhin nous a quittés à regret en promettant de m'inviter à Bruxelles. Et c'est là, au festival de musique tzigane, que je l'ai revu. Il m'a présentée au grand musicien et chanteur indien Ravi Shankar et à sa femme Sukanya. Sachant que je parlais romani, elle s'est adressée à moi dans sa langue indienne. Quelle surprise de constater que nous nous comprenions parfaitement ! Nous avons parlé longtemps toutes les deux, chacune dans sa langue. Yehudi Menuhin nous observait, intéressé. C'était un grand humaniste qui favorisait la rencontre des cultures, un extraordinaire musicien, mais aussi un homme hors du commun, à qui un seul regard suffisait pour savoir exactement à qui il avait affaire.

# Éclipse de soleil

La plus belle chose qu'il m'ait été donnée de voir, a été l'éclipse de soleil en août 1999.

Nous l'avons attendue ensemble, toute la famille réunie. Avant que son ombre ne nous atteigne, je suis allée au cimetière avec ma fille Marie pour me recueillir sur la tombe de mon mari. Dans l'allée centrale se dressait la croix. Je me suis approchée d'elle et je me suis signée en pensant à la mort du Christ.

J'aurais aimé rester là jusqu'à l'éclipse, mais ce n'était pas possible. À peine étions-nous de retour que la nuit a commencé en plein jour. Nous nous tenions dehors et, dans le silence complet, la nuit est venue à nous. Ce que nous éprouvions, impossible de le décrire...

Tout en contemplant l'ombre de la nuit, il m'est venu en tête une musique, ou plutôt non ! pas une musique, mais un son que je n'avais jamais entendu auparavant. Un son mystérieux où je percevais la vibration nocturne qui, avec une douceur infinie, recouvrait la lumière du jour. Plus un chant d'oiseau, plus un bruit, nous étions tous en communion avec la nature.

Après avoir balayé la terre, l'ombre de la lune s'est dissipée comme elle était venue. Lentement le jour pointait au loin.

Nous étions en extase devant ce spectacle grandiose. Non, il n'y a pas de mots pour exprimer ce qu'on ressent dans un moment pareil...

C'est alors que, provenant de la lumière réapparue, j'ai à nouveau entendu un son, un son différent, celui de la vie renaissante.

Ce que je dis est la vérité. Celui qui respecte la nature sera respecté par elle. Il profitera de la vie et échappera au danger.

Certaines personnes salissent la nature juste pour s'amuser ou par ignorance. Nous autres, tziganes, quand nous partons, nous avons toujours un but. En voyage, nous apprécions le paysage. Nous nous arrêtons pour camper un jour par-ci, un jour par-là, sans jamais laisser derrière nous quoi que ce soit qui puisse nuire à la nature.

Et lorsque nous découvrons la mer, nous savons que nous avons atteint le plus grand mystère de la vie.

# Salut à tous

Je suis bien disposée envers tout le monde, seulement j'ai un drôle de caractère. Je ne pleure jamais en public. Toujours sérieuse, j'aime qu'on me regarde dans les yeux quand on me parle, et qu'on me salue sans m'embrasser, sans me toucher: cela suffit. De même, quand je danse avec quelqu'un, je n'aime pas être serrée contre lui. Ce n'est pas méchant, c'est juste mon caractère. Par contre, si quelqu'un a de la peine, j'essaye de le réconforter en lui parlant et en riant.

À l'aube, dès mon réveil, je me lave la figure à l'eau claire, et alors seulement je regarde au-dehors. Ne soyez jamais de mauvaise humeur le matin quand vous vous levez. Embrassez du regard tout ce qui s'offre vous, contemplez la terre sur laquelle vous vivez!

Que ceux qui se lèvent à l'aube se rafraîchissent d'abord le visage, puis regardent au-dehors. S'ils respectent le monde qu'ils voient, alors ils seront toujours satisfaits de leur vie. Chaque chose en son temps, de la plus grande à la plus petite. Si vous savez les apprécier toutes, alors vous serez heureux toute votre vie.

Salut à tous!

*« Chemins poussiéreux*
*Qui nous mènent toujours plus loin »*

Monotype de Sébastien Kuntz.

LEXIQUE

*Roms* : terme désignant un ensemble de populations nomades originaires du Nord-Ouest de l'Inde, établies en Europe dès le XIe siècle, et qui y forment aujourd'hui la plus forte minorité.

*Romani* : langue parlée par les roms avec diverses variantes selon les régions et les pays.

*Tzigane* ou *tsigane* : terme français désignant les roms, le seul à être utilisé par Louise Pisla Helmstter alors qu'existent aussi les termes gitan, manouche, romanichel, bohémien.

*Sinto* (sing.), *sintis* (pl.) : terme désignant le groupe de tziganes établi dans les régions de langue germanique.

*Gadjo* (mas.), *gadji* (fém.), *gadjés* (pl.) : non-tzigane ou non-rom.

# Table

Achevé d'imprimer par Corlet, Imprimeur, S.A. - 14110 Condé-sur-Noireau
N° d'Imprimeur : 144653 - Dépôt légal : mars 2012 - *Imprimé en France*